大人の
幸せな
インテリア

女性がくつろげる家・40軒。

光文社

ようこそ、大人の住まいへ

「お宅を見せていただけませんか」。

多くの方のご厚意に恵まれてHERS創刊以来、数百件の家を訪れました。

そんな得難い経験から思うのは、インテリアは"その人の心"だということ。

本棚から溢れ出る好奇心、美しい器を愛でる気持ちや、

家具選びに感じる一緒に暮らす人への優しい思いなど。

ただ美しい家具を並べることではなく、そうした「心」をちりばめることで、

居心地のよい幸せな空間はつくられていくのではないでしょうか。

人生をもっと楽しんで、共棲する人への思いやりもいっぱいで、

家を愛して暮らしてみる。すると今度は、家が大きな力になって

住み手を応援してくれる。そんな素敵なケミストリーをたくさん見てきました。

素敵な11人のお宅をはじめ、自分を慈しむマイスペース、

そして人生の後押しをするリフォームや、思いがけない暮らし方など。

ハウツーでは紐解けない、そこに暮らす人の「心」が感じられる幸せな空間が、

本を手にとってくださったみなさまの暮らしのお役にたてば嬉しいです。

―――― HERS編集部

大人の
幸せな
インテリア
[目次]

編集部注：掲載のインテリアは、取材時点のものです。現在の状態と異なる場合がございますことを御了承ください。
文中の価格は本体価格です。価格は予告なく変更になる場合があります。

CHAPTER 1

11人の家

今まで多くのお宅を拝見したなかで、特に心に残った11人の家。
インテリアも暮らし方も、固定観念に縛られず、その人ならではの
"JOY OF LIFE"のピースが詰まった、オリジナルな空間です。
テクニックはもちろんのことですが、伝わってくるのは
どんなふうに人生を送りたいか、という一人ひとりの思いです。

つくる、食べる、楽しむ。
ワクワク感がふくらむ
ストレスフリーなキッチン

小堀紀代美さん

人気カフェレストラン「LIKE LIKE KITCHEN」を経て、現在は同名の料理教室を主宰。雑誌等メディアで活躍中。自称"料理勉強家"で、モットーは楽しく！著書は『2品でパスタ定食』『スプーンで作るおやつ』ほか。

置き家具と壁紙の工夫で、ヴィンテージな賃貸マンションを夢のある空間に。LDの一角には作業台を置き、セミキッチンスペースに。左のオープン棚はデンマークのハンス.J.ウェグナーのヴィンテージ。愛犬のモアナ君と。

引っ越しが好きで、結婚後22年間でこちらが11軒目のお宅。ここは自宅兼料理教室、仕事とプライベートがゆるやかに繋がるオリジナルな空間が生徒さんたちにも評判です。「賃貸住宅に暮らすことが多いので、部屋がのっぺりしないように、置き家具でリズムをつけています。ちょっとデコボコするのも味になりますしね。家具の使い方や置き場所も決めすぎず、寝室にあったものを今度はLDKへと、フレキシブルにしています」。デッサン机を2台並べたリビングの作業台はキッチンの延長になって、皆で下ごしらえをしたり、ビュッフェテーブルにしたりと、「つくる、食べる、楽しむ」がふくらむ場所です。部屋づくりのセンスを磨く秘訣を伺うと「"憧れ"を持つことかしら。旅先で訪ねたお店やホテルの色づかいやレイアウト、床材の張り方さえも素敵と感じたら忘れず写真を撮ってインプットします」。その憧れをしまい込まず、小さなスペースから始めてみる。その積み重ねがこの居心地のよさをつくったようです。

（上）天板と脚を組み合わせたデッサン机。高さが変えられ、作業台に大人数の食事にとフレキシブルに使えます。（下）キッチンの一角、冷蔵庫置き場だった場所をプチリフォーム。茶色のゴミ箱（手前）とワインセラーに天板をのせ、ちょっとした作業もできるマイスペースに。

Memo

壁一面の本棚は「ハイ ヒュッテ 松濤」でフルオーダー。東京都渋谷区松濤2-13-1松濤ハウス202（来訪の際はエントランスで♯202のブザーを）TEL：03-6804-9056　水、木、日曜休　http://hayhutte.com　小堀邸の多くの家具は20世紀のヴィンテージ品。「ルカスカンジナビア」（→P122）などでも取り扱いが。

1

1.作業台の対面にあるダイニングスペース。ダイニングチェアは一揃いにはせずウェグナー、フィン・ユール、アールト、イームズと名作コレクション風なのも楽しい。色別に並べた本も素敵なインテリアのアクセント。

2.以前から使っていたロングソファ。部屋の主役にせずに、あえて片隅を居場所にするのも意外と心地よさそうです。

3.卵色のタイルが可愛らしいキッチン。片づいた余白と、小堀さんらしいキッチングッズや小物のざわめきが程よいバランスです。

4.キッチンには必要なものだけでなく、遊び心をさりげなく飾ります。壁にタイルを貼り、奥行が浅めの飾り棚を。スパイスなどと一緒に置いたアートワークはご主人の作。

2

3

YELLOW PAGES

4

11

夫の実家をリノベして
三世代が繋がる家に。
私の特等席は
キッチンの一角です

片岡祐子さん

約3年間銀行に勤務した後、専業主婦に。料理好きで夫の駐在先の香港では現地の主婦に、ベルギーでは王立料理学校などで学び腕を磨く。「NPO法人鎌倉ガイド協会」の研修を受け、インバウンド対応にも一役買う。

夫が海外駐在を終えて帰国する時に考えたのは、70代後半になった義父母との暮らし方。「両親のマンションは低層とはいえ階段があり、先ざきに不安がありました」。二世帯暮らせて、水回りが別で程よい広さの家は見つかりません。そんな時、義父母宅の近くにコンパクトな間取りのマンションが建つ、という話が舞い込みます。「この部屋は私たちが受け継ぎ、両親は家に手がかからない新築マンションと

いう近居に落ち着きました」。義父母の25年分の荷物を、新居に運ぶもの、受け継ぐもの、捨てるものに分けることから始め、同時に自分たちのためのリノベーションもスタート。片岡さんがこだわったカフェのようなキッチンには、お義父さまが集めた銅鍋が今、彩りを添えています。ダイニングテーブルも義父母が愛用してきたもの。かけがえのない家の記憶を残して住み継ぐことも、親世帯が気兼ねなく訪ねられる理由のようです。

（上）「鎌倉市農協連即売所」で一緒にお買い物。都心の星付きレストランのシェフも通う人気スポット。（左ページ）一日中いられるキッチン。約30年前にお義父さまがドイツで購入したダイニングテーブルでお喋りするお義母さまとお嬢さん。お義父さまは残念ながら近居計画中に他界されましたが、お義母様と2人の孫娘は一緒に海外旅行を楽しむほど仲良し。

1　2

3

1.好きなものに囲まれたキッチンのコーナー
が片岡さんの特等席。書斎でもあり、ラウン
ジでもあり。自然光が入る昼間も、灯りをと
もした夜も居心地のよい場所。
2.居心地のよいキッチンを保つために、目に
つかない場所には、ざっくり収納できるスペ
ースをたっぷりと。右のオープン棚には鍋類
を。左の枠の見えている場所の先は、三方を
ぐるりとオープン棚にしたパントリーです。
3.家族が「おじいちゃまの気配を感じるね」
というコーナー。古材を使った棚に、お義父
様が集め、愛用した銅鍋をグリーンと一緒に
飾っています。

「私と義父は好きなものが似ていて話も弾みました」。薩摩中霧島壁にしたモダンな和室に、お義父さまから受け継いだ松本民芸の家具。

1.ロンドンで購入したサイドテーブル。お義父さまの家具と似かよった雰囲気です。ドウダンツツジをシンプルに活けて。窓はあえて表情を抑え、すっきりとしたバーチカルブラインドを。
2.住み替え時に購入したのは、L型に組んだフクラのソファと、キッチンのコーナーに置いたスツールのみです。照明はダウンライトとスポットですっきりと。

Memo

築25年、壁式構造（荷重を壁でうける）のため大幅な間取り変更はできない。最優先はダイニングキッチン→キッチンへの改装。パントリー含めたキッチンエリアにかけた費用は約470万円。その他は約20万円／㎡。プラン決定まで約3ヶ月。工事期間は約3ヶ月。デザイン施工　CRAFT
☎0800-170-7337 http://www.craftdesign.co.jp

HOUSE
3

料理道具と本とグリーン。
好きなものは
すべてこのキッチンに

空間の要にもなっているカウンター。教室のときは作業台に、また一人でレシピを考える時のデスクに。「IKEA」で購入。座面が木目のスツールはヴィンテージ品。

サルボ恭子さん

料理研究家。老舗旅館に生まれ、料理家の叔母に師事した後に渡仏。パリ「オテル・ド・クリヨン」での研修と勤務を経て帰国。上野万梨子氏、有元葉子氏をサポートし、現在は料理教室を主宰。http://www.kyokosalbot.com　instagram@kyokosalbo。

器類はゲストも出し入れできるようオープンに。棚は70kg（一段）の荷重に耐える「DJラック」。リネンのテーブルクロスをカーテンに。グリーンはスタンドにのせ足元を軽やかに。

教える場でもあるダイニング。テーブルは「IKEA」の小振りなサイズ（幅117.5×奥行き73.5㎝）を3台並べて。1列に、コ字にとフレキシブル。椅子は自宅から持参したアンティークなど、あえて揃えずに楽しさを。

置いたり吊るしたり、キッチンにも幾つかのグリーンを。多忙な料理家を支える心地よい空間です。「時間は限られているので、鍋を火にかけている間に、ここにスツールをもってきて本を読むこともありますね」。

「子供ありきの人生から、徐々に私の人生を過ごせるようになってきている」と話すサルボさん。「子育て中も自宅のキッチンで料理の仕事をしていましたが、今なら自分だけの時間と空間をもち、仕事としての料理に、より積極的に向き合えると、自宅から車で30分のこの部屋を借りました」。外国人用に建てられたマンションならではの、広々としたキッチン。さほど手を入れなくても教室を開ける好物件でした。「自宅はアンティーク家具が多いので、こちらは気分を変えてシンプルに。そこに器や調理器具、本、グリーンを合わせたコーナーを点在させ居心地のよさをつくっています」。まさに女の城ですが、実はプチプラアイテムやハンドメイドも多数。ものの取り合わせでセンスアップする、人気料理家ならではのセンスが光ります。

（左）ステンレスの冷蔵庫の側面にはシンプルなフックで、サルボさんオリジナルのエプロンを。こうするとインテリアにもなるオシャレな色づかいです。
（上）キッチン収納の一部は扉を外しオープンに。既製のスライドラックを入れて、頻繁に使うボウルやバット類を。

1.「IKEA」のカウンターの後ろにも「DJラック」を。愛用の鍋などの調理器具で空間を彩るのはキッチンならではの楽しさ。

2.サルボさんのアイデアが光るDIYの棚。厚みのある杉の木板2枚を、両サイドのレンガで支えています。工具も手間もいらない簡便なものですが、自然素材の質感のよさで、雰囲気のあるコーナーをつくっています。

3.軽く一杯楽しめるような雰囲気づくりも。成人した息子さん二人も立ち寄って、ここで食事をすることも。ワイングラスはスタッキングタイプ。

Memo

作業台にもしているカウンター（P16）は「IKEA」のアイランドキッチン「ステンストルプ」（W126× D79×H90㎝ ￥47,990（税込）スツールを置いた反対側は、二段のオープン収納に。同店にはアイディア次第でオリジナルなコーナーづくりができるアイテムが。レンガと合わせた杉板は古材を譲り受けたもの。

ここは人生を楽しむ家。
好きなテイストを
つらぬいてよかった

片柳玲子さん

インテリアデコレーター。夫の駐在で30代からアムステルダムに7年間、シカゴに2年間暮らす。ゲストをもてなす機会が多くテーブル＆インテリアコーディネートの腕を磨くうちプロとして活動。家族は夫と2匹の愛犬。

「仕上げは空気感を決める大切な要素」と壁ばかりか床も淡いグレーの塗装に。ヴィンテージ家具をすっきりと見せる効果もねらいました。以前から集めていた古いチェアに合わせオーダーしたのは約3mのダイニングテーブル。大人数のゲストにも。

家は「JOY OF LIFE」のためにあるもの。完璧を求めずに気軽に楽しんだ方がいい、と片柳さん。「決めすぎたり無難にまとめすぎたファッションは、老けて見えることがありますが、インテリアも同じではないかしら。壁紙一つでも、失敗したらどうしよう……と、自分の好みを抑えて白のビニールクロスを選ぶ方は少なくない。けれど、そのくらいの失敗は人生では些細なこと（笑）。チャレンジをしないと、家はどんどん錆びついてしまいます」。

築25年のマンションのフルリフォームで目指したのは、新築回帰のアンチエイジングではなく、時間を味方にしたような趣あるヴィンテージテイスト。「少し古びた家具や、クスッと笑えるような小物は、思わぬ化学反応を起こすことがあって面白いですし、定型では得られないリラックス感があります。これからも少しずつ手を入れて、その時々の気分に寄りそう部屋であり続けると思います」

ベランダからは相模湾が一望。「週末を過ごすこの家と車で約1時間の都内の自宅を行き来して楽しんでいますが、近い将来、夫と一緒にパリに住むのが夢」。落ち着くのはまだ先の軽やかな暮らしです。

1.リビングには「オルネ ド フォイユ」のアームチェア。3人掛けのソファを置くよりも部屋に抜け感ができ、大人同士が程よい距離感で寛げます。アクセントはパンチのあるクッション。
2.「耳のオブジェは夫や男性陣に不人気（笑）。ですが『アスティエ・ド・ヴィラット』の器と並べると少しエレガントに」。取り合わせで表情が変わります。
3.コンポートには柑橘類と手のかからないエアプランツを。

（左）「好きなモノは楽しさやエネルギーをくれますが、過剰にならないよう部屋に余白をつくることは大切」
（上）コンソールのように見えるのは、アイアンの脚と古材の天板を合わせた簡便なテーブルを2台重ねたもの。ばらしてベランダなどで使うことも多い。

キッチンカウンターはヴィンテージ風に粗めの質感に塗装をしたもの。約3.5mあり、大勢のゲストを招く時は、大皿料理やグラスを並べてビュッフェ風に楽しんでもらいます。

仕事と暮らしが
自然に溶け込む、
穏やかな家にしたかった

石川敬子さん

「FILE」オーナーデザイナー。住む人の好み
や暮らしに寄りそう、安らげる空間づくりを
目指し1991年創業。以来カスタムメイド家具、
空間デザイン等を手掛け、行き届いたキッチ
ンデザインも人気。京都出身の食通でもある。

か つて目黒通りに3店舗を構え、職住
近接とはいえ連日ハードワークが続
いた石川さん。走り続けるだけでは、
見失うものがあるのでは……そんな思いを抱い
た時に出会ったのが、閑静な住宅街にある一戸
建てでした。「この家での暮らしを、まるごと
発信してみたらどうだろう。キッチンも何もか
も、自分たちの考えるリアルな豊かさを見ても
らうことで、よりよい仕事もできるのではない
かしら」と。そんな直感に従い、店をクローズ

し、自宅兼ショールームで始めた今の暮らしは、
とても穏やかです。「仕事に振り回された時期
を経て、今は暮らしのなかに仕事がある。起き
る時間、食事の時間、眠りにつく時間はブレな
いよう、やるべきことを配分するリズムもつく
れました。そして仕事柄というのとはまた別に、
家を見せ、お招きすることで、皆さんとオープ
ンで親密な関係が築ける。こういう暮らしがし
たいという思いをもつと、ギフトのように状況
がついてくるのかもしれません」。

夫と愛犬と暮らす石川さん。打合せスペースを兼ねるLDK。資料などの仕事道具は本棚（左ページ）に収めます。ウォールナットの家具、白の塗り壁、上質なファブリックのシックなコーディネート。ペットがすべらないタイル貼りの床は床暖房完備。

1.「食は暮らしの中心ですから、キッチンの質を上げれば、生活全体の質も上がります」。調理器具、家電、器類などのモノを総ざらいした上で、動線を配慮し、行き届いた収納計画をしたキッチン。ダイニングテーブルは大小二つ。お茶や軽食は窓際の小さいテーブルで。気分転換にもなります。2.キッチンの一角には、高さ92cmのカウンターに合う座高65cmのスツールを置いて、マイスペースに。庭に面した気持ちのよい場所です。3.愛犬のアスタちゃん。4.キッチンにある細かなものは引き出しを多用して定位置に。左はタッパーに入れた乾物類。右はカトラリー。5.広々としたLD。二つのダイニング、一人掛けチェア、ソファと居場所が多いのも魅力です。

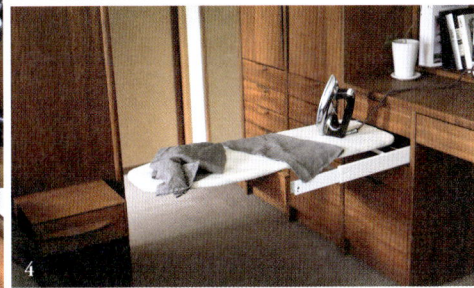

1.チークの造作家具でまとめたご夫妻の寝室。天井まで
のスライドドアの奥はクローゼット収納。
2.ドレッサー兼デスクの引き出しの一つには、無印のジュ
ュエリーケース。ジュエリーを美しく収納できる造りに
しています。
3.ベッドヘッドを兼ねた造作家具の裏の収納。ニットや
カットソーなどのトップスはスライド式オープン棚に。
4.引き出しからとび出す、折り畳み式のアイロン台。

5.寝室のドレッサー兼デス
ク。ゆったりと寛げるよう
な間接照明の工夫を。
6.自慢したくなるような素
敵な化粧室。白×ブルーグ
レーの清潔感ある色合わせ
に、床のタイルがアクセン
トです。

---- Memo ----

モノの居場所を決め、適所に設けたカ
スタムメイドの造作家具が、部屋をオー
ガナイズして居心地をよくしている
のが分かります（造作家具は「FILE」
→P107）。朝起きたら先ず掃除をして、
部屋と心をととのえて一日のスタート
をきる石川さん。造作家具にきちんと
収納されていることで、掃除もしやす
いようです。

将来は
シェアハウスをつくりたい。
人に開いた暮らしは
そのステップです

江波戸玲子さん

「ポンナレット」代表。ラオス・カンボジア
の手織りの布と、オリジナルの着尺、帯、
小物を制作し、日本全国のギャラリーなどで
紹介している。また森田空美氏のメソッドを
もとにしたセンス溢れる着付け教室も人気。

1階南側の開口部は木製の引き込み
戸。庭へ、そして山や遠景の湘南の
海との一体感が得られます。人にも
自然にも、大きく開け放たれた住ま
い。設計は中村好文さん。

「**い**つか葉山で暮らしたい」と、ご両親と週末ごとに土地を探した江波戸さん。「私も父も不動産好きで、ドライブを兼ねた葉山詣では楽しかった。けれど突然、父が体調を崩して入院。ケアハウスのお世話にもなりましたが、空間もお世話も画一的で、誇りを傷つけかねない施設もあり、自分たちの先の暮らしも考えるようになりました」。その後葉山の高台にあるこの地に出会い、家づくりは急ピッチで進みました。「もともと単なるセカンドハウスではなく、友人の作家の個展や映画の上映会などをシェアして、いつも新しい風が吹いているような家をつくりたかった。けれど父の介護を通し、経験を重ねた大人が自分の得意なことを与えあえる、そんなシェアハウスをつくれればと夢は広がりました。父もここで元気を取り戻し、環境が人を再生させることも実感しました」

（上）相模湾のある南側に大きく窓が開いたダイニング。（下）コンパクトですが居心地のよいリビング。ベンチソファは、背もたれを取り外せばベッドに。イベントの時はディスプレイ台としても使います。竹林を切りとったような風景も素敵なインテリア。冬は暖炉も楽しめます。

Memo

江波戸さんが大人買いしたのは「IKEA」のスツール「フロスタ」。千円ちょっとで買えて、重ねられるので、1脚分のスペースに何脚も収納できる。
腰掛けるだけでなく、サイドテーブルや飾り台としても使えます。

1. 「映画の上映会など、劇場のように段々になるように、高さ違いの小椅子を50脚揃えました」。右手前は「IKEA」のるスツール。手頃なので30脚購入し自身で数脚の脚をカットし座面の高さを変えました。中央手前はこの家を設計した中村氏作のピクニックチェア。脚をはずして持ち歩けます。
2. 葉山「KURAKURA」で手に入れた器にお茶菓子を。
3. ためた雨水を井戸で組み上げて庭に撒きます。またソーラーシステムの蓄電は、自宅分を賄うだけでなく、月1万円の売り上げも。晴れの日も雨の日も穏やかに働いてくれる家。
4. ダイニングキッチンから連なるウッドデッキテラス。自然と呼吸を合わせる場所です。
5. ラオスの草木染の着物に、カンボジアやラオスの古い布をパッチワークした半幅帯。ご自身の着付け教室を開くことも。

31

最小限のインテリアで、
「縛られない」
最大限の暮らしを

松浦美穂さん

ヘアサロン「ツィギー」オーナースタイリスト。サロンワークに加え、雑誌、広告、ショーなどで幅広く活躍。また人に本来備わった自然治癒力に着目したヘアケアプロダクトの開発も。「生を実感して意識的に生きる姿は、その人だけでなく、周りにも生き生きした波動を伝え幸せを与えます」

リビングにもテラスにもラグを。家具は最小限にして、スペースを最大限につかうノマド的暮らし。（左ページ）家族や仲間とのセッションも日常的なコミュニケーション。（右ページ）

「も う25年以上前ですが、ロンドンで生まれた長男を連れて家族3人で帰国した時、我が家の荷物はスーツケース一つだけでした」。家具は現地で処分したとはいえ、必要なモノはこの程度なのか、と驚かれたそうです。「数年前そろそろ家を買う時期かしら、と思った時に出会ったのがこの家です。外国人用につくった賃貸物件で、決めすぎない緩い設計と、溢れる緑に一目惚れしました。この家の庭は私を "be honest" にし てくれます。私たちの年代は、まだ所有物をふやしたい人と、残すよりも身軽になりたいという人が半々。私は多くのモノをもつと、それを守る気持ちで、動いて変化することが怖くなってしまいそう。モノに価値を置くよりは、場所や時間を、家族や仲間とシェアすることの方がずっと素敵な暮らしではないかしら。もちろん家の中にあるのは愛すべきものばかり。おそらく一生動き続けるでしょうから、気軽にもって歩ける範囲ですけれどね」。

1

2

「我が家は別名『日本のカオサンロード（世界中のバッグパッカーが集まるタイの旅の経由地）』」。気安い心地よさがあるのか海外の友人もフラリと立ち寄ります」。皆で過ごせるオープンなLDですが、夫婦各々の定位置も。1.PCで疲れた目も癒せる、出窓はご主人の絶好のワークスペース。2.窓から緑を眺めるこの場所は松浦さんのパワースポット。

4

3

3.「モノが主役で気を使うより、自由に動き回れる場所がいい」。手前のラグはモロッコで買ったシルクのアンティーク。使い込むほどに肌触りがよくなり愛着が増す。4.張り替えもして、約30年間愛用しセルフヴィンテージになった家具。

1.「お風呂は私にとってエピキュリアン（満足こそが贅沢）の時間の一つ」。バスタブ横には繊細な葉のエバーグリーン。スツールにご主人がお勧めの本を置いてくれます。2.グリーンは「吊るす」「置く」と立体的に。檜の手桶は松浦さんの愛用品。「ツィギー」オリジナルプロダクトはここから生まれたそう。3.旅するように暮らしたいからアートワークは旅のかけらを。階段横にはチェンライの布とミャンマーの僧が神に実りを捧げる器。4.家族全員で砂漠を旅した写真をリビングに。

4

Memo

松浦邸のキリムは現地で手に入れたオールドタイプ。同じものはない、出会いの品です。国内で多くのラグをウォッチできるのは「ペルシアジャパン」ショールーム（神田）。王道のペルシャ絨毯に加えて、キリムやギャベなど、約5,000点を揃えています。モダンなエッセンスを求めるなら、『トゥールモンド・ボシャール』(P54-55) もおすすめ。

HOUSE

8

大正モダン建築の
コーポラティブハウス。
人生を楽しみながら
「清潔感あるエイジング」を

平野由希子さん

料理家。日本ソムリエ協会認定ソムリエ、ワ
インバー「8huit.」（大井町）オーナー、2017
年フランス政府より農事功労章シュヴァリエ
勲章を受勲。ワインのペアリングも楽しめる
料理教室も。著書『平野由希子のワインが美
味しくなるレシピ』も好評。

食べものの好みが20代の頃とは変わるように、居心地がよいと感じる空間も変わっていく、と平野さん。「これからは、エイジングしてもなお美しい家が理想です」。平野さんが数年前から暮らすのは、大正時代に建てられた築80年を超える館。コーポラティブハウスとして再生する、という新聞記事を見て、好奇心から住み替えを決意しました。「ヨーロッパでは年代物の傷さえも美と捉えることがありますが、日本人の美意識に清潔感は欠かせません。規約の範囲で当時の雰囲気を壊さないように壁や天井は白の塗装、床はアンティーク風の無垢材で仕上げました」。経年変化も味になる上質で寡黙な素材。長い時間を経た、まろやかな静寂に包まれる得がたい住まいです。「建物の風情を味わうと同時に、仕事場でもあるキッチンには最新機器を入れ、暮らしのアップデートも。よい時間を重ねてこそ、人も住まいも素敵なエイジングができるはずですから」。

11人の家

（左ページ）1Fの玄関。床材はボルドーパインの無垢板（無塗装）。期せずして愛するワインの産地。（上）LDKのある2階。白でまとめた空間は病院のようなので、青みのない少しクリーミィな白を選び、平板に見えないよう微妙にトーンをかえた3種類の白で、壁、廻り縁、キッチンの扉を塗り分けて。この館は日本近代建築の礎を築いた武田五一氏の設計。元は学生の寄宿舎。

1

1.色を最小限に抑えたDK。コンロは蓋をすればご覧の通りすっきりと。2.窓のアーチ形が『ル・クルーゼ』に似合うと、鍋の棚もアーチ型に。3.シンプルながら洗練された料理に定評が。『ル・クルーゼ』を使った料理の第一人者でもある。4.「きれいな欲望」を育てるため不必要な我慢はしない。飾り階段に自家製果樹酒。夕食にワインなどの楽しみは欠かさない。5.『アスティエ ド ヴィラット』の平皿や青木良太氏のボウルなど。

2

3

4

5

1. 建物の特徴でもある趣あるアーチ窓。屋外の緑の美しい額縁に。窓は、フォルムを変えずに気密性、操作性をアップした特注品です。2.大正時代の国産のダイニングテーブル。「建物と同年代で、空気感が似ています。パリやロンドンのアンティークより、しっくりきますね」。エクステンション機能も。
3.階段との間に壁は設けず、古びた風情の手すりを。古いものではなく、部屋に馴染むようにこだわった特注品。
4.この家に古くからあった洗面ボウル。大正時代に創業した「東陶機器」（現「TOTO」）。お宝です。5.1Fの玄関。柔らかな光の陰影は塗り壁ならでは。6.1Fのプライベートスペース。贅沢な緑に包まれたような部屋。友人から贈られたチェアは、派手な貼り地だったので、ファーを掛けて愛用しています。

— Memo

大正時代のダイニングテーブルは、南青山の「オコンネルズ」で購入したもの。日本の古家具を扱う店で、今話題なのは「pejite」（→P122）や「仁平古家具店」。コンディションのよい品々が揃っています。

受け継いだ家具に 大胆な曲線をプラス。 低く、広々と暮らす

ヴァレリー・ヴァイスイさん

故ジョエル・ロブション、ピエール・エルメ に弟子入りし料理人としての腕を磨き、その 後フード、プロダクト、空間コンセプトのデ ザイン、イベントプロデュースを手掛ける。 パリのトレンドリーダーの一人。

食のトレンドの発信地といわれるエ リアのアパルトマンに暮らすヴァ レリー。インテリアで大切なのは、 部屋を美しく見せる「プロポーション」と 彼女は言います。「低く暮らすことで、天井 を高く見せることは、美しさにおいても、居 心地にとっても大切なことだと思います」。 この家のほとんどの家具は、デザイナーで あった彼女の祖父がつくり、パリの高級住宅 街16区にあるヴァレリーの実家で使い続け ていたもの。そうした家族の歴史が刻まれた 家具に、自由な感覚をプラスしているのは彼 女自身がデザインしたローソファや大胆な曲 線づかいの本棚、そしてモダンアートのよう な照明でしょう。「何においても限界を設け たくない」というヴァレリー。おおらかで流 れるような曲線や、高さや広がりを感じさせ るインテリアの工夫は、彼女のとらわれない 心を日々支える大事な仕掛けなのかもしれま せん。

（左ページ）壁一面には大胆にカーブしたデザインの本棚。彼女の好奇心が溢れているインテリアです。（右ページ）仕事場を兼ねたアパルトマンに一人で暮らすヴァレリー。この日のパンツスーツは「シャネル」。ファッションの信条は、美しいラインと甘すぎないデザイン。インテリアもファッションも、ジャンルを超えて、一つの意志がつくりだしているようです。

41

1.玄関ホールには祖父の手によるチェアとゲームテーブル。流星のような繊細な照明は彼女のデザイン。2.16区の実家（左）と、花嫁姿のヴァレリーの母と付き添う祖父の写真。3.祖父が、まだ幼かったヴァレリーの母が家に友人を呼べるようにと、つくった子供椅子。「とても質がよく、母そして私を守ってくれる大切な品」。4.切り株の上に置いた美しい女性の彫刻も祖父から贈られたもの。5.東南アジアに旅した時に見つけた木のオブジェをブックスタンドに。「誰かと同じ」でない、オリジナリティに価値を置くヴァレリー。

1.寝室には余計なものを置かずに、低く寛いでエナジーチャージを。2.リビングの一角、ユニークなローソファで愛猫と。ビッグプランツを置き「まるで木陰にいるようで、大好きな場所」

3.4.ピエール・エルメ氏から「心の妹」と呼ばれるヴァレリー。料理人の祖母の影響もあり、食に関わる仕事を軸に自身の世界を広げてきました。今もキッチンはアイデアの源。小さなテーブルも重宝。「何かに興味をもつと、その道の第一人者の懐に飛び込み、多くのことを吸収してきました」

── Memo ──

代々家具を大切な家具を受け継いで使っていくためには、質のよいリペアやメンテナンスが欠かせません。柿の木坂「フィズ リペア ワークス」（→P124）は、経験を積んだ専任スタッフによる名作椅子などの逸品のリペアの実績も豊富。ヴァレリー邸の床はヘリーンボーン貼りですが、国内でこの貼り方は今再び人気です。

HOUSE

10

私がそうしてもらったように
子どもがアートとともに
育つ家がいい

ソフィー・レヴィさん

パリで人気の「レ・ビジュー・ド・ソフィー」
デザイナー。自身が身につけたいアクセサリ
ーが見つからず、独学でデザインを学びブラ
ンドを立ち上げる。インテリア小物も扱う「ビ
ジュー・ド・ソフィー・プレゼントゥ」も。

ソフィーが腰掛けたソファはフレンチブ
ランド『roche bobois（ロッシュ ボボ
ア）』。ネイビーのソファはイタリア『カ
ッペリーニ』。中央のオーバルテーブル
にはお子さん用の小さなチェアも。

パリの文化発祥の地ともいわれるサン＝ルイ島。もとは17世紀に貴族の館として建てられたアパルトマンには、ソフィーの美意識に適った品々が巧みに並べられ、それぞれが呼応しあう魅力的でオリジナルな空間をつくっています。「光をニュートラルに反射する真っ白な壁をベースに、家具と今までの人生で出会ったオブジェで、遊ぶように空間を彩っています。インテリアもファッションも、統一されすぎた

ものには魅力を感じません。古いものと新しいもの、フェミニンなものとマスキュリンなものなど相反するものを、自在にミックスするのが、自分らしさを表す一番の方法ですから。また、カラフルなクッションやスロー、そして雑貨などは、その日の気分で入れ替えて楽しんでいます。柔らかなトーンのなかで、いくつもの色柄を組み合わせながらも、全体としては、行きすぎたスタイルではなく、穏やかで優しい印象を大切にしています」

（左）子供部屋を兼ねた「サロン・ルージュ」。お子さんの特等席はグローブ形のソファ。壁が赤くペイントされていたので、家具は黒、グレー、ベージュと抑えた色合いながら、遊び心に溢れています。衝立はアイリーン・グレイのデザイン。（上）暖炉の上のわずかなスペースにも美しいデコレーション。

1

2

3

1.ベッドルームの窓際、たっぷり光の入るコーナーの壁には、ファッションのファイナルタッチに欠かせないアクセサリー、そして姿見を。暖炉の上はアートコーナー。気分の上がるパワースポットといえそうです。2.ソフィーの作品も含めたアクセサリー。3.ベッドルームの左の扉奥がバスルーム。こちらも格式あるインテリアです。

Memo

リビングのソファ『Roche Bobois（ロッシュ ボボア）』。
このブランドのクラシックなラインが見られる専門店
「Roche Bobois TOKYO Nouveaux Classiques」が、
2018年6月渋谷区神宮前にオープン。

1.リビングの窓辺にはヴィンテージの布でラッピングしたチェア。チェストは1950年代、レザーの豚の足置きは1940年代のもの。個性派揃いの楽しいコーナーです。2.ヴィンテージの布をパッチワークしたオリジナルのクッションとスロー。モダンなソファをマイテイストに。3.物語性のあるリモージュ焼の食器類。自身のデザイン。

4.玄関ホールのヤシの木をかたどった照明は、アントワープで見つけた1930年代のもの。5.リビングコーナーの壁面には、アーティストが描いたレヴィ家4人の似顔絵を。6.「幼い頃お気に入りの椅子があったため、蚤の市やブロカンド（古道具店）で子供椅子を見つけるのが好き」。子供の成長後は飾るだけでなく、ローテーブルなど実用にも。

カフェで
過ごしていたような時間を
キッチンで
楽しめるようになりました

中村江里子さん

フジテレビでアナウンサーとして活躍後、シャルル＝エドワール・バルト氏との結婚を機にパリに拠点を移す。一男二女の母として多忙な日々を送りつつ、多くの著書、テレビ、雑誌等でパリの文化や暮らしを発信している。

「フランスでは我が家のような賃貸物件でも大規模なリフォームをすることが少なくありません。このアパルトマンでの暮らしも10年以上になり、水回りの問題を解決したかったのと、いつも新鮮な気持ちでいたいという思いからキッチンを大改造することにしました。こだわったのは色。以前は赤と白でしたが、さまざまな塗料のサンプルを買って実際に少しずつ塗って眺めて、元気をくれる大好きなオレンジをテーマカラーにしました。さらにこの機会に『イケア』のシステムキッチンを導入。細かいところまで採寸しては何度もお店に通ったかいあって、満足のいく仕上がりです。考えてみると一日のうちで一番長い時間を過ごすのがキッチン。家事のためだけでなく日中はよく日が差し冬場も明るく暖かいので、メールをしたり、子供たちがここで宿題をすることもあります。友人との食事も、少人数ならダイニングではなくキッチン。つまりみんなにとって居心地のよい場所なのです」

1.ジャン・コクトーの独特な筆致のモチーフが天井から見守る、時代も国籍もさまざまな家具やオブジェを配置したアーティスティックなサロン。色は白、黒、グレーで統一していましたが、リフォームを機に、暖炉と窓枠を赤に塗り替えてアクセントに。2.バルト氏が秋葉原の店頭販売で買った品や、江里子さんが日本にいた時から愛用していた包丁など。マグネットで固定。3.スイス「JURA」のマシン。家にいながらカフェ気分が味わえるスグレモノ。

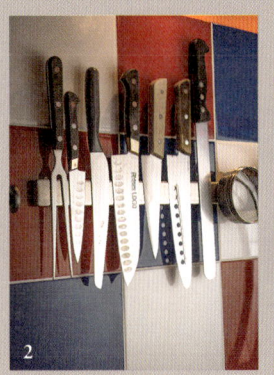

Memo

元気をくれて、アートワークも際立たせる人気の色壁。ニュアンスのある上品な色合いでイギリスメイドの「FARROW&BALL」は全132色。国内でペイントを探すなら「カラーワークス」オリジナル「Hip」は全1488色。中にはミニサイズ(200mℓ)が用意されている色も。取扱い：カラーワークス https://www.colorworks.co.jp（中村邸と同製品ではありません）

コの字形のシステムキッチン、前ページと対面のコーナー。食器や鍋類は引き出し式で外からは見えないすっきりとした収納。レトロなポスターはバルト氏のモスクワ留学時代や家族旅行の上海の思い出の品。それらが古いフランスの肖像画と一緒にコーディネートされています。

Column

1

棚には
持ち主の個性が

棚の選び方、置き場所、飾ってあるものや飾り方は
住み手によって千差万別です。
目を凝らすと、そこには彼女たちの興味、遊び心、
そしてこれまでの人生までもが伝わってきます。

コツコツと集めた生まれも
時代もそれぞれのカップ。
コレクションしてきたお気
に入りをグリッドで仕切っ
た木製棚に入れ、飾りました。

（右）光を反射するガラスのチューブが美しく、
キャビネット自体がオーラを放つ。パリのア
ーティストの作品で、もう1台はK・ラガー
フェルドが所蔵。貴重なリモージュ焼など、
大切な品を余白をもって飾っています。（上）
元は医療機器を入れる棚。ゲストがグラスな
どを自由に出し入れできるよう設けました。
来客が多いお宅らしい心遣い。

都心の古いビルのワンフロアに
暮らすご夫婦。昭和初期の水屋
箪笥は、部屋に合うよう飴色の
木目を黒に塗り替えてもらった
もの。なかには目利きのお二人
が、旅先や贔屓のギャラリーで
買い求めた器が並びます。

アートに造詣の深いデザイナー
のお宅。厳選した洋書は、創造
の力を刺激する宝物。グリッド
ごとにテーマを決めて飾り、白
いドアをスライドして、その日
の気分に合う場所を楽しみます。

（右）料理家のダイニング
にある本棚。料理本や洋書
などの書籍を、背表紙の色
調ごとに並べて、ところど
ころにグリーンをあしらっ
ています。書籍が素敵なイ
ンテリアになる好例です。

（左）食器棚の上にはプチサイズ
のぬいぐるみ。ご主人が「可愛い
でしょ（笑）」と買ってきたもの。
少しのユーモアや遊び心を添えて
楽しさを。きちんと整列している
のも、甘くなりすぎない理由です。

Column

2

部屋のアクセントは
ラグ＆クッションで

窓辺は洗練された素材感の無地ライクな
カーテンに、ラグやクッションでアクセントを、
というケースがふえています。色柄のパワーは想像以上、
模様替えにいかがでしょう。
ワンランク上のコレクションもご紹介します。

セカンドハウスのリビングゾーン。無機的な
グレーの床に「H.P.DECO」で見つけたパッ
チワーク風のラグを。柄が賑やかでも色味
が抑えてあるためとり入れやすい。遊び心は
ユーモアとパンチのあるクッションで。

Import Rugs & Cushions

**伝統的な色柄やネイティブな
風景を洗練のアレンジで**

「キリムやベニワレン（モロッコの
伝統的なラグ）など、自然な風合い
が人気ですが、アンティークやユー
ズド以外なら『トゥールモンド ボシ
ャール（以下『TB』）』（仏）、『オデ
ガード』（米）がお勧め。伝統的な色
柄を洗練のアレンジと上質な素材で
表現し、部屋を格上の心地よさに誘
う力が」。（チェルシーインターナシ
ョナル秋元小百合さん談。→P125）

（上）『オデガード』の全てのカーペット
の原産はネパール。手で梳き、手で紡い
だヒマラヤ産の上質な羊毛のパイルを手
結びした完全ハンドメイド。植物染料の
繊細な色使いも魅力。（左）パリで人気
の『TB』の「Empreinte rug」。シンプ
ルな色柄も。

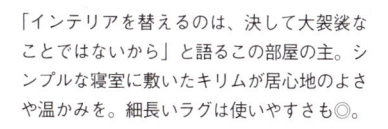

「インテリアを替えるのは、決して大袈裟なことではないから」と語るこの部屋の主。シンプルな寝室に敷いたキリムが居心地のよさや温かみを。細長いラグは使いやすさも◎。

パウダールームにも多色使いのキリム調のラグを。ペンキ屋さんと3回は色出しをして、一緒に塗ったアップルグリーンの壁と好相性。色柄の力で元気のでるパワースポットに。

（下）ファブリッツのトッソ ノ フンド『チマー＆ロード』デザインの贅沢なクッション。生地の一番魅力的な部分を使い、フリンジにもこだわりが。裏面は美しい色合わせの無地で、同柄二つを表裏で置くだけで上級コーディネートができるのも嬉しい。アソートで2個から購入可能。

（上）ネイティブな香りのある幾何学柄「CASBAH」。（右）アフリカの港に溢れる船を描いた「Rug Africa」。ともに『TB』。

23年間大事にしているウンベラータは
大きく優しく家を護ってくれる存在
—— 青柳邸

CHAPTER 2

ボタニカル・ライフ

生き生きとしたグリーンは、気持を癒して、エネルギーを与えてくれます。
室内のビッグプランツ、ミニグリーン、そしてマンションのベランダでの
ボクシングガーデンまで、実際のお宅で見せていただきました。
窓からの、心休まる小さなグリーンの風景をつくるテクニックもご紹介します。

「太陽の光など、みんなに平等に与えられるものを大事に暮らしたい」とライフクリエーターの青柳さん。想像以上に育ったフィカス・ウンベラータは今では家を護るようなシンボル的存在。DIYも交えてプロヴァンス風にリフォームしたLDをより心地よく。

木陰で読書するような心地よさ
ソファ脇のプランツ
—— 鈴木邸

ボタニカル・ライフ

ソファサイドには明るい葉色のフィカス・ウン
ベラータ。ビッグプランツは身長以上の高さで、
下の部分に葉のないものがソファとのバランス
がとりやすく、育てやすい。木陰から、窓辺に
広がる海を見おろすような特等席です。

BIG Plants
ビッグプランツで安らぐ

特徴ある葉形が人気のモンステラな
ど、ソファの背面にビッグプランツ
をいくつかまとめて。窓辺の生き生
きとした風景からエネルギーを。夜
は照明によるグリーンの影も美しい。
ソファやサイドテーブルなどの家具
は「アルフレックス ジャパン」。

少しだけワイルドさを残した組合せのグリーン。
目をやるだけで元気になれます
—— 保科邸

57

for
Beginners

BIG Plants

育てやすいのはフィカス系

フィカス・アルティシマ

原種は緑色の葉ですが、緑色の葉に黄色の斑が入った品種も人気。大胆な動きのあるフォルムです。参考商品（SLOW HOUSE 二子玉川）

「最近グリーンはインテリア・ライフスタイルショップでもレギュラーアイテムになりました。枯れにくくておすすめなのはフィカス系。ゴム系植物なので丈夫で育てやすく、葉色や葉形が特徴的すぎないため、インテリアとのバランスもとりやすいグリーンです。フィカス・アルティシマやフィカス・ウンベラータが代表的ですが、一族には他にも特徴ある樹種も。また全体的な傾向ですが、生産者さんによって、従来の植物を今の感覚にあう洒落たプロポーションに仕立てたものも増えました。ビッグプランツこそ家具とのバランスが大切です。ポットのバリエーションも増えて、コーディネートも楽しめます」（「MICAN」ランドスケープデザイナー 野里秀貴さん）

育て方

【 置ける場所 】
日当たりのいい場所〜明るい日陰。耐陰性はあるが、本来は日光が好きな植物なので、レース越しの窓辺などの明るい場所に。真夏の直射日光は避ける。

【 お手入れ方法 】
季節や室内環境により変わるが、水やりは10日に1回程度。

【 その他 】
根腐れで枯れることがある。水のやりすぎ、鉢皿に水をためたままにするは避ける。育てやすいが、換気もせずに放置するのはNG。

フィカス・ウンベラータ

ほどよい大きさのハート形の葉と明るい葉色で、以前から不動の人気。参考商品（アクタス・新宿店）

フィカス・アムステルダム

個性的な樹形がつくりやすいフィカス系。大方のフィカス系とは異なり、細い葉が垂れ下がっているのが特徴です。参考商品（FUGA）

フィカス・ジャワゴム

別名「ムクゲゴムノキ」。美しい葉脈が広がった葉には、うっすら細かい毛が生え、白灰色の幹も美しい。バランスのよい片流れで、部屋のコーナーに置きやすい。参考商品（FUGA）

フィカス・ブラック

通称「黒ゴム」。黒に近い艶のある葉がインパクトがありカッコいい、と人気上昇の品種です。参考商品（SOLSO HOME Futako）

MINI Plants
ミニプランツは、飾り方のセンスも進化中

ガラスのコレクションにエアプランツを添えて

ワゴンにのせたガラスに添えたのはキセログラフィカ。空気中の水分を吸収し、土がなくても成長するので、こうしたあしらいに最適。大柄でエアプランツの王様ともいわれる。

メンテナンスの楽な多肉植物の寄せ植え

プックリとした葉はセダム系の寄せ植え。くせの強い多肉植物ですが、明るい色を交えた数種類の寄せ植えにすることでエレガントな印象に。器は「アスティエ ド ヴィラット」。

手のかからないサボテン系「リプサリス」を本棚に

森林性葦サボテンのため、直射日光に弱く窓辺や明めの日陰で育つ。多くの種類があるが、選んだのは瑞々しい「リプサリス・メセンブリアンテモイデス」を。水やりは月に2.3回。

ウォールハンギングに植物×フェイク

ビーズのような球体の葉が可愛いグリーンネックレス。壁や棚上から垂らすアレンジに効果的。上部はフェイクの多肉植物。ウォールハンガーは三軒茶屋「グリーンフィンガーズ」。

水にたゆたう涼やかな藻
モダンな水草の愉しみ方

モダンなガラスの大鉢に、たっぷり
の水をはって、水中植物の藻を。
水中にたゆたう姿、そして光をうけ
て輝く水面もきれいです。左の平鉢
には金魚を泳がせて。

キッチンには手元をじゃま
しないハンギンググリーン

セミオープンのキッチンでは、マク
ラメ編みの軽量なハンギングバスケ
ットにグリーンを。ハンギングなら
作業をじゃしませんし、ふと顔を上
げた時に緑に癒されます。

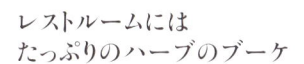

レストルームには
たっぷりのハーブのブーケ

ゲストを迎える花は、玄関やリビン
グではなくレストルームにたっぷり
というのもサプライズ。ドアを開け
ると、ミント、センテッドゼラニウ
ムなどの爽やかな香りがフワリと。

［ BOXINGガーデンで、ここまでできる ］

奥行き約1.2mのマンションのベランダ。
ここが緑溢れる場所になれば、リビングの居心地も
格段によくなるはず。大小のボックスを組み合わせた
「BOXING ガーデン」がその素敵な解決策です。

撮影協力／からならの木

常緑のメインボックスと
季節の花のシーズンボックスで
1年中瑞々しいベランダ
── 加藤邸

外壁側に幅1.3mのメインボックス
を。トネリコや斑入りの明るいアイ
ビーなど常緑で育てやすい植物で緑
のグラデーションを楽しみます。奥
行きは40cmで動線もさまたげません。

緑のグラデーションに添える
季節の花や一年草は
小さなシーズンボックスに

①愛らしい小さなバラ、グリーンアイス。蕾のうちは淡いピンク、開くと白、咲き進むと緑と、色調変化を楽しめる。
②スマートな姿に青紫色の花をつけるベロニカ。小さなボックスなら重ねて高さをだすことも。
③スッと背の高いアガパンサスとグランドカバーのプミラで高低差を。

もう一つのベランダは
「居場所」を囲むように

書斎の窓越しに緑が楽しめるよう、窓の高さに合わせてつくったボックスにトクサやシダ系の植物を。そして居場所を囲むように大鉢にはトネリコ、手前の鉢にはヤブランなどを。

Garden Goods

BOXING
小物も大活躍

（左）BOXINGガーデンに1、2点、形のきれいな鉢物や鳥かごなどの小物を入れるのも楽しい。（右）模様替えや植替え時に動かしやすく、また安全なようにボックスにはストッパー付きキャスターを。

我が家には無理?

いえ、こうすれば実現します

Easy Garden

1

幅70cm×奥行30cmの ミニボックスでここまでできる

家具を置き動線を確保すると残りの面積はわずか。でもコンパクトなボックスでこの存在感。シダ、ヤブラン、プミラ、アイビー、デュランタライムなどのグリーンに、オレンジの花が咲くカランコエとクリスマスローズ。

2

床材やボックスなど、室内と 色を合わせて一体感を

狭小ベランダを広々と見せる鍵は、室内との一体感。フローリングとウッドデッキの色、室内の家具とボックスやガーデンファニチャーの色を合わせます。ソファに座った時に見える景色の広がりに心癒されるそうです。

3

室内にもグリーンを置いて つながりと広がりを

ベッドルームの窓際に設えたデスクからも緑が楽しめるように、室外機の上にBOXINGガーデンを。デスクの上にも小さなグリーンを置いて、室内、ベランダ、借景の緑がつながった瑞々しい風景を日々満喫できます。

Shadow Garden

4

ドライエリアでも、日陰に強い植物を選んで洗練の箱庭

「日本の庭園の多くは半日陰のシェードガーデン」とこの庭を手掛けたガーデンデザイナーの寺井通浩さん。シダや葉蘭など日本に古くからある植物を中心にして、その合わせや配置で地味にならない工夫をすれば、魅惑的なシェードBOXING ガーデンが叶います。

シダ類は100種類以上 美しい緑のグラデーション

（左）シダは100種以上と多彩。（中）湿地帯によく見られる直線的なトクサもシダ植物。開花時の長い（12〜4月）シックな色合いのクリスマスローズを合わせて。（右）手前のボックスは斑入りのオリヅルランとシェフレラ。シダとアイビーを入れた後ろのボックスは、角度を変えて楽しめるようキャスター付き。

窓際

Window Garden
部屋からの
景色は
自分でつくる

窓際から緑のある瑞々しい景色が
眺められたら……
窓枠を額縁に見立てて景色をつくる、
そんなhow toをマスターすれば、
部屋の居心地も、
日々の気分もグッとよくなるはずです

Before

縦長の小窓があればチャンスです。
ドラマチックなウィンドーガーデ
ンをつくるのに絶好の場所。

After

ルーバーがポイントの
オシャレなグリーン

ボックスだけでも窓際にグリーン
の景色をつくれますが、視線を遮
りたい、また、より多くの緑を望
むのなら、蔓性の植物のためのル
ーバーをセットしてみてはいかが？

Garden Point

**奥行1mのベランダなら
設置できる**

ルーバー付きボックスは、背面
を窓際から約1mの場所に置く
のがレイアウトの基準。

**ルーバーには
蔓植物を這わせて**

ルーバーにはカロライナジャス
ミンとハゴロモジャスミンを緩
やかに這わせます。春から初夏
には香りのよい花も楽しめます。

Before

どことなく寂しい窓辺。
左奥にバックヤードの壁が見える
のも気になります。

スラッとした姿で、節目が程よい
アクセントのトクサ。葉や葉脈の
色や形に特徴のあるカラーリーフ
のなかから、メタリックな光沢の
あるウラムラサキなどを選べば、
モダンで洗練された印象に仕上が
ります。目隠しにも最適で、左奥
の壁も気にならなくなりました。

After

トールプランツで
モダンなVIEWを

Garden Point

BOXは窓に対して
90°が新しい

背の高い植物で、新鮮な景色の
つくれる新しい置き方。ボック
スは窓の高さに合わせて。自宅
のサイズに合ったボックスをつ
くるのが基本です。

個性的なカラーリーフを
アクセントに

葉色のバラエティが豊富なカラ
ープランツとして、寄せ植えに
も使いやすく人気のヒューケラ。
緑に紫色が混ざった楕円形の葉
のウラムラサキと。

3

一輪挿しを気軽に楽しむ 7つのヒント

細くて小さな花器に花を一輪、
どこか面白味にかける印象もあった一輪挿しですが、
花一輪だからこそ個性が際立ち、花器とのとり合わせで、
華やかにも、個性的にもなるのでは。
一本の花、一本の枝でできる「日常に飾る花」を、
フラワースタイリストのさとうゆみこさんにうかがいました。

枝咲きタイプを上手にカットして 賑やかなお喋りを

「可愛らしい蕾や葉のついた宿根スイートピー。枝咲きタイプを切り分けて、数個の一輪挿しにいければ、こんなに楽しく春めいた雰囲気に仕上がります」。

[活ける人]
さとうゆみこさん

フラワーショップ、インテリアショップ「イデー」を経て、「green & knot」主宰。空間とバランスのとれた花やグリーンを提案し、多くのメディア等で活躍中。ご自宅でレッスンも。
http://malus.exblog.jp/

棚の一角、 暮らしの道具に蘭を活ける

「贈答用の印象がつよいですが、本来は野性的な趣をもち、ナチュラルなしつらえによく合います。金属の器との相性のよさを生かし「バンダ」という深い青紫のラン。長い期間楽しめるのも魅力」。花器にしたのは薄いチタンを二重構造にしたテーブルウェア。

季節を告げる枝もの。 水面も影も楽しみます

ふんわりと愛らしい花穂が春をつげる「ネコヤナギ」。「自然の息吹そのものの枝ものは、季節を運んできてくれます。春の日差しで輝く水面と、美しい影も楽しめます」。デンマーク王室御用達「ホルムガード」のカラフェに。

大輪のダリアはドレスを纏うような
たっぷりした器に

「一輪挿しはミニサイズとは限りません。大輪の花を、たっぷりしたサイズの花器に活けると、花がシンプルなドレスを纏ったような美しさです。花首から上を見せるのもポイントです」

華奢な「茎」を空間に泳がせる

「花を活けるとき、見落としがちなのが茎。ユリ科の球根植物のリューココリーネは、花ばかりか華奢な茎も美しい。茎を泳がせるように長く活けるのも、一輪挿しの醍醐味」。世界的に人気のクリスチャンヌ・ペロションの花器に。

ガラス瓶にすっぽり一輪の花の曲線を
まるごと愛でる

釣り鐘状の花のうつむくような姿が清楚で愛らしいと、ガーデニングでも人気のフラチラリア。「繊細な曲線が美しいので、大きめのガラスの器にすっぽり入れ、その姿をまるごと愛でては。透明な空間があることで、よりこの一輪の花を感じることができると思います」

見慣れた花をいくつかのグラスで
オシャレに見せる

「パンジーは自宅で育てている方も多い草花。見慣れた花も、デザインの少し異なるいくつかのグラスに活けて小さな集合体で見せれば、いつもとは一味違う表情に」。重ねて収納ができる4つのワイングラス「パームハウスグラス・フルール」に。

CHAPTER 3

ひと部屋未満の特等席

私のお気に入り「マイスペース」

個室をしっかり確保できるのも素敵ですが部屋の一角のプライベート感を上手に生かした
「マイスペース」が、集中できて家族にも目配りできるお気に入りの場所になっている人も少なくありません。

My Favorite Space

**高さ調節できる
スツール**

遠山由美さん

「リビングの一角、ここは私の好奇心が羽ばたく場所です」と、文字をモチーフに制作を続ける文字美術家の遠山さん。さまざまなジャンルの本が並ぶ本棚に天板を差し込こみ、片側を折り畳み式の脚で支えた簡易デスクが創作の拠点。スツールは高さが変えられるので、細かい作業の時、また作品を俯瞰する時など、それぞれに適した視点が得られます。

My Favorite Space

LDの
ライティング
ビューロー

小堀紀代美さん

「置き家具を並べたときのデコボコ感は、部屋にリズムを奏でてくれます」。ダイニングチェアを1脚移動してマイスペースに。

北欧ヴィンテージ家具のコレクターでもある小堀さん。一見小さなツマミのついた収納家具の上段をパタリと開けるとライティングビューローに。レシピの考案やメールのチェックなど、LDでひと時自分の時間がもてる場所です。「造り付けの収納など隙のないインテリアではなく、ちょっとお喋りで表情のある置き家具が大好きです」。ライティングビューローでつくる窓際の特等席、すぐにとり入れられそうですね。

右奥のスタンドを置いたシンプルな収納家具がライティングビューロー。置き家具とアクセントの壁紙で、賃貸でもここまで雰囲気が。

SHOPPING TIP

ミラー付きなら用途が広がる

1950〜70年代の黄金期の北欧家具をリプロダクトした「H.W.F」シリーズ。コンパクトさも魅力。W80 × D45 × H100cm ￥141,000（SLOW HOUSE/ アクタス）

LDの
ワーキング
スペース

沢田みゆきさん

現在、ファッションブランド「TALBOTS」のディレクターを務める沢田さん。引越し前のお宅では、LDの一角の日当たりのよい窓際にワーキングスペースを設けていました。視界が広くとれるこの場所で仕事にとりかかると、新しい着想が得られそうです。デスクはダイニングテーブルと色合いを合わせ、チェアもLDの雰囲気にとけこむオフホワイトの生地づかい。小さな個室とは別の快適さがあるようです。

ソファ前のセンターテーブルには、敬愛するデザイナーや写真家の書籍を。美しいと感じるモノ、感性を刺激して奮い立たせてくれるものを集めた、沢田さんにとってパワーの源のような場所です。オリジナルなインテリアとしても魅力的です。

ドライエリア前

萩原輝美さん

「朝食後にメールや郵便物のチェック、スケジュール確認をここですませます」。半地下のドライエリア前は全面ガラス窓で自然光が入る空間。本棚の前に小さなテーブルとチェア2脚を置いたコージーなスペースで、来客との簡単な打合せをここですませることも。肩肘はらないスペースだからこそスッと仕事にとりかかれる、そんな心地よさを感じます。

いくつもの窓から光と緑を感じるキッチン。抜け感と同時に季節の移ろいを感じる場所です。「時には椅子に腰かけて、雨音で心を休めることもありますね」。長い時間を過ごすキッチンにこそ、こうした気分の変える居場所をつくりたい。

エスケープしたい時はキッチン横のこの場所に。「限られた敷地でもこうした半屋外の空間があると、家に奥行きや楽しさが生まれます」。

キッチンの一角に英国の老舗家具メーカー「アーコール」のチェアとミニテーブルを。「ここに座って豆の莢をとったり、皮をむいたり。あるいは本を読んだり、丁寧に淹れたお茶を飲んで過ごしたりと、建築家としての慌ただしい日常の中で、ひと時緩やかな時間を得られる場所です」。時には娘さんやご主人も腰掛け、キッチンに立つ安立さんと同じ時間を過ごすことも。この場に馴染んだスタンドやお茶の支度が居心地のよさを物語ります。

My Favorite Space

キッチンに一脚の椅子

安立悦子さん

色で
テリトリー分け
三雲葉子さん

家族で暮らしていれば、互いのモノやセンスは交錯するもの。だからこそ「ひと目で分かる住み分けのルール」が必要と三雲さん。「夫と互いの書斎をもつスペースはないので寝室のデスクを共有しています。ファイルやボックスは同じデザインで私は赤、夫は黒。テリトリーと定量を決め、お互いのスペースを保っています」

高等学校長、美容専門学校の理事長を務める三雲さん。「ここは仕事の場なので、赤と黒というシャープな配色に」。デスクは三雲さんが大学時代にオーダーし、以来使い続けている愛用品。

ロフト
山本美穂子さん

オペラ等の舞台衣装のデザインを手掛ける美穂子さん。ゴージャスな衣装を糸から作り上げます。

最初は物置に、と作ったリビング上の約4.5畳のロフトが、今は美穂子さんのアトリエ。大型の織機、自ら紡いで染めた糸、そして織物や服飾に関する蔵書がびっしりと並びます。「狭いでしょう。ただ大好きなものだけがつ詰まった濃密な『私だけの空間』なので、ここにいるとホッとしますね」。自分らしさと向き合い、育み続ける場所、そんな幸せな空間です。

壁際にはスチールパイプを組むシステム家具「エレクター」の小振りなデスクを。アイデアを形にする色鉛筆もオシャレにスタンバイしています。

My Favorite Space

モバイルサイズの
マルチテーブル

江川晴子さん

「PARTY DESIGN」を主宰する江川さん。ヤミナーやパーティーで大人数を招くことも多いリビングは、ご自身の書斎も兼ねた場所。「大きいサイズの家具ではなく、シーンや気分に合わせて動かせる小振りな家具を愛用しています」。中でも変幻自在なのが「内藤工芸」にオーダーした90cm×60cmのテーブル。ソファサイドの飾り台に、また2台並べれば本や資料を余裕で広げられる幅1.8mのワイドデスクに。ソファの後ろは意外と落ち着く場所だそうです。

壁際に、家具の背後に、絶妙サイズ

コンソールテーブル「ブラッコ」。¥110,000〜　W87×D32×H44cm スツール「パーチ」（ともにアルフレックス ジャパン）

4

バタバタしない
ウェルカム・セッティング

招くひとときを、大げさにならずに楽しく過ごせる
しつらえと小物使いのコツを集めました。
ラクをしても歓迎の気持ちが伝わる
「力の入れどころ・抜きどころ」のヒントがいっぱい。

ワイヤーバスケットに
小さなアレンジを

お茶だけの気軽な場でも、花が
あるともてなしの気持ちはつた
わるもの。背の低い小さなブー
ケも、ワイヤーバスケットに入
ればボリューム感が。「PARTY
DESIGN」主宰 江川晴子さん
のアイデアです。

「枝物」でテクニックいらずの
上級アレンジ

香りのよい青文字は、早春を告
げる代表的な枝物。「数時間水
がなくても瑞々しいので、ウェ
ルカムシャンパンのトレイに数
本添えて。可憐なクリスマスロ
ーズやバラ一輪を加えればより
華やか。鏡面のワインクーラー
に映り込めばボリューム感がア
ップします」(江川晴子さん)

ドリンクのそば
にキュートなサプライズ

「我が家は駅から少し歩くので、
すぐに喉を潤していただけるよ
うにテーブルに炭酸水とグラス
を用意します」(江川さん)。遊
び心で添えたのは、ガチャガチ
ャで見つけたイケメンのミニ彫
像。ゲストの会話も弾みます。

モダンなお重に
お干菓子を

（左）プロデューサーの渡辺満子さんは、よくテーブルでお抹茶のおもてなしをするそう。そんな時、ガラス作家 ピーター・アイビー氏作のモダンなお重が活躍。清々しい木とガラスの合わせ。お干菓子が小さなアートのよう。

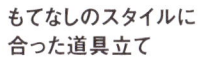

もてなしのスタイルに
合った道具立て

（右）ゲスト用のカトラリーは、数個の桐箱に桐盆を重ねたキャスター付きの収納箱に。「ゲストにはそれぞれ必要なものをピックアップして使っていただいています」（渡辺さん）

お好きなだけどうぞ、
でラクに美しく

（左）「お菓子や軽食の時は、それぞれに取り分けずにドーンとお出しして、お好きなだけどうぞ、というスタイルです」（小堀紀代美さん）。コンポートやフードドームをプラスして高低差を，また食事を邪魔しないハーブ系の花を飾って。

ノンアルコールのフルーツ
カクテルをセルフで

（右）「お酒を飲める方も飲めない方も華やかな香りを楽しめるよう、ハーブドリンクとペリエ、カットフルーツをトレイに置いてセルフで」（小堀さん）。英国のハーブ飲料「有機コーディアル」のエルダーフラワーとジンジャーを。

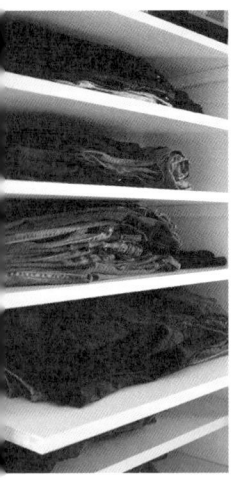
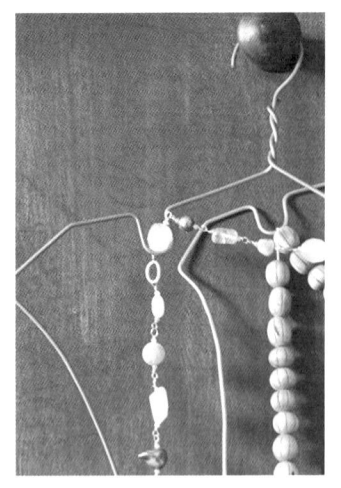

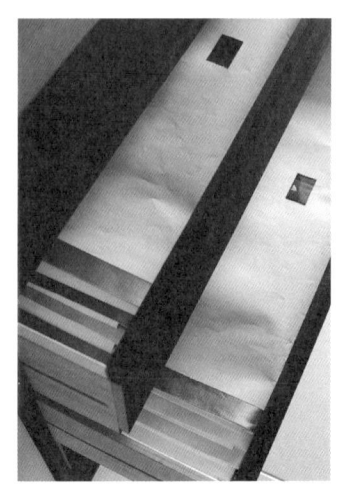

CHAPTER 4

美しい舞台裏

なかなか見ることのない他人のクローゼット。
でも、見たい……。
ファッションを生業とする方のオシャレを支える場所を、
特別に公開していただきました。
時間をかけて築いてきたスタイルや、
限られた時間のなかで身支度を整えるアイデアなどが見てとれます。

朝食の支度の間にワードローブを
小さな時間を味方にする合理的な2way

キッチンとクローゼットの間は見通しのきく引き戸を。クローゼット右奥に、パウダールームへ続く扉が。

自身のブランドをもち、またご家族のサポートも万全な八巻さん。多忙を極めながら、いつも行き届いた装いです。「我が家のキーステーションは2wayのクローゼット。リフォームでキッチンとクローゼットの間の壁をとり、キッチン、クローゼット、そしてパウダールームへと繋がる動線を作りました。今はコンロなどタイマー付きの調理機器が多いので手をはなせる時間は意外と多い。ノンストレスであちこち動けて結構な用事をこなせます。特に朝食の準備をしながら身支度できるのは便利ですよ」。小さな時間を味方につける、インテリアの工夫です。

八巻多鶴子さん
ファッションデザイナー、
プロデューサー

「deTiTi」オーナー兼デザイナーとしてジュエリーや和装などを手掛け、2014年には大人の女性のためのウエアブランド「haori de TiTi」を立ち上げる。

1.コーディネートに必要以上の時間がかからないようアイテム毎にきちんと分類。

2.お茶会や食事会など和装の機会も多いので、包んだ着物がひと目で分かるように、たとう紙の端に着物と同じ色のリボンを貼りました。

3.和装小物は季節感があるため、色と季節で分類。ブロックごとにアクリルのプレートに入れているので、サッと取り出して着物と合わせられます。

4.チェーンやカラーストーン使いなどの分類で、コーディネートのしやすさを。

5.柔らかなホワイトでまとめたベッドルーム。壁面には「カッシーナ・イクスシー」で扱っていたキャビネットを並べて。アートは愛猫家の八巻さんらしい、藤田嗣治の猫の連作です。

ファッションは私の人生そのもの
クリアな収納でわかりやすく、大切に

シンメトリーな収納はフルオーダー品。片開きの扉にグローブなどの小物を、ミラーの中には化粧品を。

「上質でベーシックな服に、帽子やグローブなどでトレンドを添えるのが、私のスタイルです」と萩原さん。そしてそのスタイルを見事に表しているのが、この舞台裏です。寝室の壁一面にはホワイトの寡黙なクローゼット。扉を開けると、右サイドには春夏物、左サイドには秋冬物の洋服と帽子が収納されています。「大好きな帽子は型崩れしないよう、定位置を決めて置いています」。またアクセントになるグローブは迷子にならないよう透明な前板の引き出しに。「こうしてきれいに並べておくだけでも嬉しいですし、大切に扱うようになります」。

萩原輝美さん
ファッションディレクター

パリ、ミラノなどのコレクションを取材し、ファッション誌等に記事、コラムを寄稿。2018年には自らのブランド「ten.」をローンチ。趣味は乗馬。

1

2

3

1.アニマル柄、ファー、レザーなどの秋冬物の帽子。上品な着こなしのスパイス。
2.ガラスの前板の引き出し3段に、美しく並べたグローブ。ストールは、たたみ方や配置を工夫して棚（可動式）に。小物類を俯瞰できます。スタイルを確立した大人ならではのクローゼットです。
3.春夏物の棚には、エレガントなホースヘアやストロー素材の涼やかな帽子が。
4.バレエシューズやシルバーのサンダルをルームシューズとして愛用。

4

トライアル&エラーの末のカジュアルな支度部屋は
家の中でも大好きな場所

左のオープン棚にはヴィンテージの
デニムなど愛用の品を。対して右側
は、バッグやコスメ類。窓台にはフ
レグランスを。クローゼットは好き
なもので溢れた素敵な場所と実感。
奥にはハンガー用のポールを。

大人のカジュアルスタイルが身上
の浦野さん。ヴィンテージマンシ
ョンをリフォームした住まいの大
好きな場所の一つがこの支度部
屋。「以前は事務スペースとして
使われていた場所に、棚やポール
を設置。デニムなどのカジュアル
なアイテムは、このオープン棚が
一番使いやすいですね。ひと目で
見渡せるだけに、美しく収納する
ことが習慣になり、そのことでよ
り洋服を長く愛するようになりま
した」。スツールに腰掛け、愛す
る服に囲まれる至福の時も過ごせ
る、収納を超えた空間です。

浦野誉子さん
（株）TAU代表
プロモーション・コミュニケーションズ
プロデューサー

13ケ国にあるファッション名門校「エス
モード」、英国で150年余の歴史をもつシ
ューメーカー「グレンソン」や新進デザイ
ナーまで幅広くPRプロデュースを手掛ける。

収納家具に頼らず、箱＋棚のショップ式収納で
快適に暮らしています

「収納家具や引き出しは意外と物が入らない。長年洋服屋をやっていますが、店と同じで棚と箱をつかった収納が一番合理的です」。寝室の一角、わずかなスペースながら、棚と箱、ハンガーラックを適所に配したフレキシブルな収納。アクセサリーは収納スペース内の壁にピンで留めたり、オブジェの上に置いたりと遊び心もいっぱいです。ファッションもインテリアも一生と言わずに、今の感性に合ったものが面白い、という石原さんらしい舞台裏です。

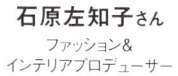

石原左知子さん
ファッション＆
インテリアプロデューサー

衣食住を扱う『sabby genteel』のオーナーを経て8年前から海辺に暮らす。近著は『海辺のリノベ やっぱり海のそばに住みたいと思った』（KADOKAWA）。

当時「MUJI」にあった白のボックスに、ご自身でキャスターをつけ、ストールやサンダルなどを収納。奥の棚の奥行きは45cm。「店舗デザインをしている方は分かるでしょうが、この奥行きはデニムやトップスを畳んで置くのに最適のサイズです」

娘が巣立った後のスペースに、大切なものを見せながら 収納する、「大きな宝箱」をオーダーしました

収納をつくるきっかけはエルメスのバーキン。高さのあるバッグは収まりにくく布袋に入れると出番を逸することも。

子供が独立した後の部屋をどうリユースするかは、この世代の一つのテーマ。より自分らしく過ごすために福王寺さんが選んだのは夢のような舞台裏でした。「一般的な収納はバッグなどがきちんと収まらないことが少なくない。バッグやジュエリーは女性にとって一つの夢なので、それらを飾るように収められるクローゼットをデザインしました」。バッグの棚内には布を張り照明をつけるなど美しく見せる工夫が随所に。そして秀逸なのが大きなジュエリーボックス。「『AHKAH』のアーカイブ的な作品も多く、私自身の歩みを感じられる場所ですね」。

福王寺朱美さん
AHKAH ファウンダー

宝石商の家に生まれ、米国宝石鑑定士の資格をもつ。1997年ジュエリーブランド「AHKAH」を設立し瞬く間に人気ブランドに。娘の彩野さんもクリエイティブディレクターとして活躍中。

1.エレガントなディテールの引き出しは、取り出せるジュエリーケース（P.87左上）2.扉の内側にはネックレスを絡ませず収納できるバーを。ゴールドのバーに白いレザーを巻き滑り落ちない工夫を。3.約15畳の部屋にご自身で細部までデザインをした幅約6.5mのクローゼット。

1.引き出しの内側には布を張り大切なリングやピアスを。2.玄関横のシューズクローク。「片づけ魔です。気分はいいし、時間のロスが減りますから」3.ファッションの仕上げの靴までコーディネートできるよう、大きな鏡の前に約50㎝角の大理石を。床暖房のために埋め込めず唯一の妥協した点。4.ビューローの壁側には小さなグリッド棚。

［ 小物収納 ］

ファッション小物の収納テクニックにも、
個性が出ます。自分の眼を楽しませ
気持ちが上がる、素敵なテクニックを
ご覧ください。

1
NYの路上で買ったエンパ
イア・ステート・ビルのオブ
ジェに色とりどりのバング
ルを。その日の気分で香り
と一緒にセレクト。

2
金子國義氏の版画と「MUJI」
の過不足ないデザインでロ
ングセラーになったコート
スタンド。大人の女性のス
タイルを感じるコーナーです。

3
ロングネックレスは滑らな
いよう肩の部分に凹みのあ
るハンガーに。アクセサリ
ーブランドに分けてもらっ
たが、不足分は針金で自作。

4
ベッドルームの一角、姿見
のミラーの横には、パネル
＆フックでつくったアクセ
サリーコーナー。鏡との位
置関係も大切に。

5

グローブやファーストール
は「IKEA」のマルチユー
スハンガー「コンプレメン
ト」に。「IKEA」の収納ア
イテムはスグレ物多数。

6

リングを入れたボックスは、
東京ビッグサイトで年に数
回開かれる骨董市で見つけ
たもの。日本製で手頃な価
格の掘り出し物だそうです。

7

ヴィンテージ風のフックを
二段つけて、デイリーな帽
子やバッグを。実用ばかり
でなく、インテリアとして
も楽しめます。

8

クローゼットの内側の扉に
もフックをつけ、バッグや
ストールを。特別な収納ア
イテムはなくても、壁を上
手く使うことから始めたい。

［ システムクローゼットの今 ］

美しい舞台裏のために知っておきたいシステム収納。
ラック一つから、夢見心地の大規模なものまで、
装うことはもちろん、服をととのえる時間までも
楽しくしてくれそうです。

モルテーニ

部屋の一角に
贅沢なショーケースを

服やバッグなどのファッションアイテムを、ショーケースのように美しく見せることにこだわったイタリア、モルテーニ社の「グリスマスター」。ダイナミックなガラスドアをはじめ多彩なバリエーションを揃えたドアハンドルのデザインや高度な技術で実現されたさまざまな機構はクローゼットの域を超えています。美しく快適に住まうことへの尽きることのないこだわりがあります。アルフレックス・ジャパン（→P222参照）

ポロ

このディテールで
装うことが楽しくなる

収納家具をメインに製作するイタリア『porro』。ディテールへのこだわりは超一級。ヒンジ、ねじ、レールなど収納家具に必須のパーツを表に見せない豊かで静かなデザイン。また、シャツを型崩れなく1枚ずつしまえる引き出しや、バッグ用のラック、時計用の布張りミニ収納など、ファッションの国ならではの仕掛けも。扉内部の仕上げ材の選択肢も豊富で、自宅に合った色合いを選べる。エ インテリアズ（→P121参照）

ip20 Einrichten

定評あるドイツ製のシステム リユースのサポートも

1974年の発売当初から大きなモデルチェンジのない「ip20 Einrichten」は、完成した後からでも追加や移設ができるのも魅力。再度のプランニングサポートで違う形に組み替えたり、同じ素材を追加したり、最良の変化をさせながら使い続けられる。使い心地を支える金物にも定評が。エスプリブラン　東京都港区北青山3-10-2 福本ビル1F（営）10:00〜1830 完全予約制 日、月曜休（来場の予約は可能）TEL：03-6418-9085　http://www.ip20einrichtenc.com

ヴィツゥ

シェルフ一枚から壁全体まで イギリス発のオシャレ感

ヴィツゥが1900年以来つくり続けている「ユニバーサル・シェルビング・システム」。Eトラックと呼ばれるアルミの支柱を壁付けし、キャビネットなどを取り付けるシステム。部屋の一角に洋服のシェルフ一つでも、壁全体を本棚にすることも可能。国内に店舗はなくネットや電話でプランニングを依頼すると、ドローイングと予算が送られてくる仕組み。取付け業者の紹介も。https://www.vitsoe.com/jp

5

金物マジック

ちょっとした棚をつくりたいときにオシャレなブラケットがあったら。
玄関に相応しい素敵なフックがあったら。
手軽な金物を上手に使うインテリア上手から、
使い方のヒントを探してみましょう。

ダイニングの一角、北欧の
器や調理器具を並べた棚。
「IKEA」のブラケット「エ
ーケビュ ホル」に木の棚板
を取り付けたDIY。奥の棚
下にはグラス用のハンガー
を付けて、金物をフル活用。

家を建てた後に増え続けた鍋。どこ
かに収まる場所を造れないかと、キ
ッチンの窓の前に棚を。古寺で柱と
して使われていた量感ある板を、堅
牢な金物で両側の壁にもたせたもの。

家の第一印象を決める玄
関。淡いパープルの壁には
ゲストのコートや帽子を掛
けるための大きめのダブル
フック。ゲストの迎える時
は直前まで料理をしている
ため、頃合いをみて扉を開
け空気の入れ替えを。フッ
クに掛けた小さなサシェの
仄かな香りも好印象に。

味気なくなりがちな玄関の壁は淡いブルーグレーにペイントし、シンプルなシルバーのフックを。便利なだけではなく、フックに掛けた季節ごとのストールやバッグが住み手の個性を表すインテリアに。

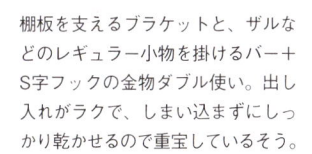

棚板を支えるブラケットと、ザルなどのレギュラー小物を掛けるバー＋S字フックの金物ダブル使い。出し入れがラクで、しまい込まずにしっかり乾かせるので重宝しているそう。

築16年の家をリフォームした際、階段を部屋にとり込み広さ感を。アイアンの繊細な手摺りとコーディネートしたようなフックを廊下の壁につけ、インテリアとしての繋がりも。

玄関近くにはポール型の自転車ハンガーを。一般的な天井高で2台設置できます。ポールは上下のテンションで固定する突っ張り棒タイプも。こだわりの自転車をインテリアに。

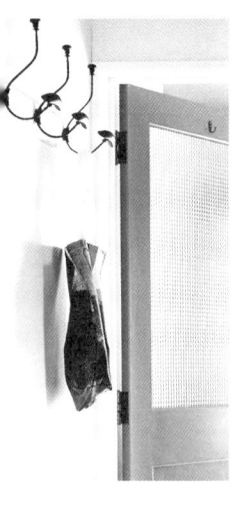

CHAPTER
5

私のための
リフォーム

大人世代はリフォーム適齢期。子供の成長や独立という節目を迎え、
次なるステージをどう過ごしていきたいのか。
単なるリペアではない、これからの暮らしを後押ししてくれる
リフォームをご紹介します。
また、プロの眼から「FILE」オーナーデザイナーには、
後悔しないリフォームについて愛ある辛口の意見ももらいました。

生活空間はこの一部屋。LDK、寝室、
デザインを吟味したランドリーまで
一部屋に。照明は点在させているの
で二人に多少時間差があっても気に
なりません。「二人とも旅好きです
がここなら身軽に暮らしていけます」。

1 — O邸

暮らしの場をワンルームに。
楽でフットワークのよい暮らしを手に入れた

ご夫婦と奥さまのお母さまの3人で暮らしたマンション。お母さまが施設に入られた後、今後の二人の生活を見据えたリフォームを考えました。「3LDKのそれぞれの部屋はモノで溢れていました。家で過ごす時間は大切にしたいけれど、これからはなるべくラクに、手間をかけずに過ごしたい。そこで私たちの生活空間は「オールインワン」の一部屋と割り切り、その部屋だけは仕上げ材から家具、ファブリックまで徹底的に好きなものにこだわったインテリアにしようと。対して他の3部屋はストックルームとし、工事はせずに最低限の家具で使い勝手をよくしました」。この手があったか！と唸る住まい方。快適そのもので、予算配分の面でも大正解だったそうです。

DATA　家族構成：夫婦　物件：マンション 築30年
工事期間：2カ月半　費用：¥200,000／平米　設計：FILE ☎03-5755-5011「このスタイルの間取りのご要望がふえています」(FILE担当者)

和室をLDにとり込み、約28畳のワンルームに。収納計画をたて設計を進めたこと、また収納部屋もあるため片づけるのはとてもラク。クールな色合いですが、無垢材、塗装、ウールのカーペットなど自然素材のため洗練された温かみが。

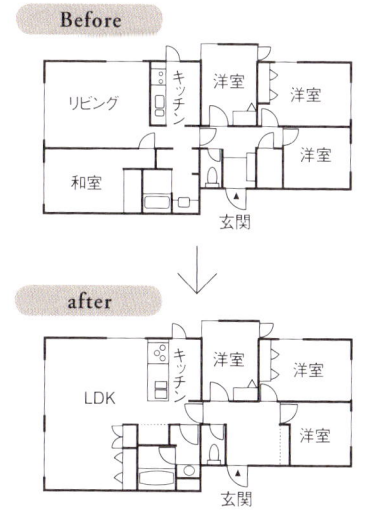

Before

after

こだわりのワンルームでは 素材感が重要

（左）「ひと目で見渡せる部屋なので、家具の色やファブリックなど素材選びと合わせにはこだわりました。カーペットの柔らかな足触りも気に入っています」。
（右）キッチンの壁は人気のブルックリンスタイルに欠かせないサブウェイタイル。

使いまわしの利く 家具を最小限もつ

友人を招くことが多いのでスツールは重宝。8人でテーブル(φ1.1m)を囲めます。ベッドやソファサイドのテーブルとしても使え、スタッキングできるのも便利。

手を付けなかった部屋は
思いきって収納部屋に

個室3部屋は全て収納部屋に。キッチンに近い一部屋はパントリー。スウェーデン製の壁掛け収納「ストリング」のみ新調して、きれいにオーガナイズ。左端はワイン用の冷蔵庫です。

（左）ワンルームのランドリー上の収納。「ストリング」はサイズ、アイテムにバリエーションがあるため、組合せが自在。価格も手頃です。（上）廊下はワンルームと同じテイストに。手を付けなかった個室ですがドアだけは交換。

2 — 佐野邸 住み慣れた家をカフェ風にリフォーム。カフェを開く夢もリアルに感じています

子供は成長したけれど、家は子育て中のままという方は少なくありません。佐野さんが17年間住み続けた家のリフォームを決意したのは、娘さんの独立後。ご主人の定年も視野に入った時期でした。「夫婦でどんな生活をしたいかと考えた時、妄想レベルですが（笑）自宅カフェができたら面白いのではと。フローリングや扉などの仕上げ材は好みのものに替え、収納をオシャレにつくり直すことで、今まで集めてきた器や小物が映える空間にできればと。これからは「大人が遊べる家」こそが、私達を元気にしてくれるのではないでしょうか」。今後カフェが軌道にのったらこの家はお店にして、どこかに夫婦の部屋を借りてもいい。そんな一歩も二歩も進んだ暮らしを思いうかべるワクワク感もこのリフォームで手に入れられたようです。

DATA 家族構成：夫婦 物件：一戸建て 築16年
プラン決定まで：約1カ月 工事期間：約1カ月 費用：約400万円
デザイン施工：空間社 ☎03-5707-2330

Before

（上）20年前から使っている食器棚。オシャレな造作棚を作りたくてイメージになる写真を多く集めました。（右上）クローズドのキッチン。飾りたい品もここに埋もれて。（右下）やや手狭感のあったLD。色合いも替えたかった。

この棚で「飾り」「愛でる」楽しみが倍増しました

(左)「器は大好き。買ったものや、つくったもの。私の人生の大切な楽しみです。今はこの造作棚を定量として、入らない分は友人に譲っています」。(右) キッチンの壁の一部をとりカウンターを。天井からアイアンで吊った棚はご自身のアイデア。紅茶缶を入れたガラスケースは「OLD MAISON」で。

思った以上の抜け感で気分も軽やかに

(左)娘さんの荷物が減ったこともあり、LDと階段の仕切りになっていた収納をとり、階段を部屋内に。アイアンの手摺りも軽やかです。(下) 玄関もカフェ風。床を柄タイルに張り替え、アメリカ製の業務用ロッカーを靴箱に。

「愛犬との暮らしは豊かですが、家の劣化は想像以上でした」。念願の大型犬と暮らして約7年、壁紙は爪痕で破れ、床暖房用の合板フローリングは水飲み後のシミや傷で無残に。またきちんと仕切られた間取りは気配が分かりづらく、宅急便を受け取る時にLDから突然犬が飛び出してくるなど、安全面での不安も抱えていました。「10年未満でリフォームは早いかと躊躇しましたが、夫もストレスを感じていたのか賛成してくれました」。ご夫妻がこだわったのは経年変化も魅力の自然素材。漆喰の壁は少し凹凸のある仕上げにしたので多少の爪痕は目立たず、塗り直しも可能、何よりその消臭機能は想像以上でした。床は傷も味になる無垢材。床暖房仕様ではありませんが、今はペレットストーブで暖をとるのも楽しみの一つ。生活の質が「五感」でアップされたそうです。

DATA 家族構成：夫婦、娘、愛犬3匹　物件：一戸建て　築13年
プラン決定まで：約3カ月　工事期間：約3カ月　費用：約1,135万円
（1Fと外構）設計施工：スタイル工房　☎0120-587-250

3 — 土山邸 犬で劣化した家で諦めながら暮らしたくない。自然素材の家で犬も家族も快適に

愛犬にも目配りができる2wayのオープンキッチン

（下）ダイニングから見たキッチン。壁をとりオープンスタイルに。右奥から玄関に直接抜けられます。以前の、死角が多く愛犬に目が届きにくかった悩みも解消。明るいキッチンでお喋りもふえました。

for Our Dogs

愛犬と大人3人が安心して暮らすためにしたこと

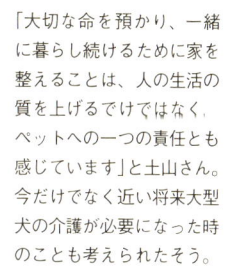

「大切な命を預かり、一緒に暮らし続けるために家を整えることは、人の生活の質を上げるでけではなく、ペットへの一つの責任とも感じています」と土山さん。今だけでなく近い将来大型犬の介護が必要になった時のことも考えられたそう。

1. 庭の足洗い場はお湯がでるので冬でもノンストレス
2. 階段下に換気扇付きの犬のトイレ。目隠しも
3. LDと玄関の境界は、犬が開けられない引き戸
4. 壁は消臭効果のある漆喰、リード用フックも
5. 玄関ホールもザッと水洗いできるタイル貼り
6. どちらも気持ちいい暮らしを満喫中

キッチン横のDENと呼ばれる個室の壁をとり、ググって見つけた富山の建具店「ライル」のルーバー引き戸を工務店が設置。カウンターには折り畳み式のテーブルと収納をプラス。

4

橋本邸

職人さんの力とDIYで、私好みの色と収納に

「夫が見つけた新築マンションは、アクセスも良く我が家には文句のない物件でしたが、ツヤのある扉やドアは無機質で、私の好みではなかった……でも、新築の部屋を壊すのは抵抗があり、費用も相当額がかかる。悩んだ末、譲れないキッチン周りは自分も工事に参加する覚悟で、大袈裟ではないリフォームをしようと決意しました」。幸運にも飛び込んだ工務店が親身になってくれ、彼らとの共同作業で計画は進行。まずキッチン横の個室の壁を撤去し自身で見つけた引き戸でスケールアップ。キッチンと隣室の収納は、内部の箱は利用し扉と仕切り材のみを新調し、仕上げは自身でもできるペイントに。「手間も楽しみ、予算内で好みのインテリアになりました」。

DATA 家族構成：夫婦、息子 物件：新築マンション 2LDK+DEN 費用：約150万円（工務店費用、自身で購入した材料費）

Before

自分で塗り直せるペイントで器のためのオリジナル収納

一般的な開きの収納の、中の箱は生かし、引き出しや仕切りをはめ込みリモデル。料理家の道具、器や調理器具をきちんと収納。扉は「ベンジャミンムーア」の塗料。「取っ手はネットで。最小単位で購入し質感を確認後に必要個数をオーダーしました」。

（上）アイランドは、表側も裏側も収納がたっぷり。窓際の丸テーブルは家族の食卓。（左）南部鉄瓶や和菓子の木型、古い染付や漆器などを並べた棚が、キッチンで過ごす時間を楽しくします。

5

A邸

モザイクタイルが美しい多機能エンタメキッチン

1Fのキッチンは、この家の中枢です。壁面には業務用のガスコンロやオーブンなど本格的な設備を備えました。そしてIHヒーターとシンクのあるアイランド。ここは日々の作業台としてだけでなく、軽食をとったり、家族やゲストが繋がる大切な場所になっています。背景のモザイクタイルも、美しいキッチンの担い手。シンプルな飾り棚には、その時期に頻繁に手にとる日用品を並べて楽しまれています。

6 ─ 片柳邸 いかにも新築マンション、な真新しさがいやで フレンチヴィンテージな棚にリフォーム

「リフォームは家を育むこと。住みながら2、3年に一度、その時の自分に合わせて少しずつ手を入れるのが楽しい」。新築で入居したマンション、リビングの壁一面には新建材のオープン棚が。「ピカピカ光る素材は、マンションの無個性を際立たせるようで好きになれず……。ホッとできる私らしい手触りがほしかった」。エイジング加工にも定評のある「FILE」に相談し、家具と相性のよいヴィンテージ風の棚を計画。以前寝室の壁の塗装を依頼していたのでコミュニケーションは良好。「工事が始まったらぜひ職人さんとも仲良くして。現場で見ていると、塗装の色調整など、小さなリクエストも聞いてもらえます」。

DATA 家族構成 夫婦、犬1匹 物件：新築マンション 打合せ回数：1回（サンプル確認は別途）:工事期間：4日 費用：約100万円 デザイン施工：FILE ☎03-5755-5011

Before

愛犬の後ろが、かつての真っ白なオープン棚。「奥行きが浅く、写真のように洋書を飾る以外に使い道がありませんでした」。

収納できる開き戸など ディテールの工夫も

（左）棚内はスモーキーブルーの塗装。「今後パープルに塗り替えるかも」。（右）扉はガラスではなくエイジング加工を施したネットで、よりヴィンテージ感を。開き戸はスライドして収納できます。

FILE代表・石川敬子さんに聞く

"後悔しないリフォーム"

リフォーム会社それぞれの
得意・不得意を
理解して選びたい

FILE 代表 **石川敬子**さん

リフォームの成否を決めるのは、自身の要望に合った良質なリフォーム会社を選ぶこと。取材をする中で、多くの大人の女性から「出会えてよかった」という声のあった石川敬子さんに、後悔しないための秘訣を伺いました。

外部デザイナー参加の家を自社の
サイトに。WEB時代の未必の故意

「皆さん驚かれますが、リフォーム会社に資格は必要ありません。玉石混淆の中でパートナーを選ぶ際、まず考えてほしいのはご自身が求めるリフォームのレベル。メーカーのカタログに載っている既製品の組み合わせなのか、よりオリジナルなデザインや素材にこだわりたいのか。前者であれば大手メーカーの系列会社などが適していますし、後者であればより自由度の高い設計やデザインを行う会社になります。雑誌やホームページで実績をご覧になると思いますが、ここで注意してほしいのは「設計・デザイン」と「施工」は違うということ。中にはデザイナーの下請けで施工を請け負った物件が自社物件として掲載されているケースもあります。デザインが気に入って決めたものの、打合せでは思うようなデザインが全くでてこない……そんな不満

をもって、相談にみえる方も少なくない。『設計やデザインは自社でなさっていますか？』という問いかけはとても重要になります」

相見積もりに労力をかけるより
話が分かりあえる業者か、が大切

では仕事を受ける立場として、これは困った……というご経験はありますか？「お客さまが賢明なやり方と思い込んでいる「相見積もり」ですね。数社から見積もりをとることですが、ここには一般の方では読み解けない盲点があります。例えば『FILE』は、キッチンや造作家具など、すべてオーダーでつくっているので、他社が同等品の見積もりをだすことは難しいのです。けれど業界では、デザイン、材質共に細かな違いの説明があまりされていない状況です。またフローリングの素材一つでも、無垢材、突板、化粧シートがあり、また木材の種類や厚みでさまざまなグレードがありますが、見積書の品番からそこまでは読みとれず、小さなサンプルを見ても判断は難しい。床や壁の仕上げ材はきれいにしたけれど、壁の内部や雨漏りの補修は費用に入っていないなど、価格だけを見て判断すると気づかぬうちに質が落ちることが多々あり

ます。どうしても「相見積もり」で比較検討をしたいのなら、ご自身でプランと仕上げのグレードを決めてから依頼するのが正しい進め方です。けれど大切なのは対面して、話が分かりあえるかどうかですね。ご自身の直感に助けてもらうことも必要だと思います」

では石川さんにとって、進めやすいお客様と、進めにくいお客様どんな方でしょう。「予算の中でメリハリをつけられるお客様はやりやすいですね。一定の予算の中であれもこれもとなると、中途半端になりますから。逆に困ってしまうのは、細かいところまで自分で決めてしまう方です。もちろん『こんなことに困っている』『こんな風に暮らしたい』というご要望は積極的に伝えてほしいですが、細かい品番まで決められると大局から離れてしまう

ことがありますし、本当にプロの提案がほしいのかしら？……と困惑します。また迷いがちで何度も変更を希望される方も難しいですね」

最後にリフォームを希望する方が、事前に心すべきことがあれば教えてください。

「大半は収納がらみですが、リフォームさえすれば家がきれいになる、と思うのは残念ながら幻想です。私たちはご相談の第一歩として、お宅に伺って持ち物を一緒に整理します。思いきって処分すると、この場所はリフォームしなくても大丈夫、となるケースもありますから。まずお部屋を客観的に見るために写真を撮ってみてはいかがでしょう。見過ごしていたもの、目をそむけていたものが見えてきて、次の行動を起こすエンジンになりますよ」

（左）間取りに関しては、どんな風に暮らしたいかを伝えることが大切。提案力のある業者ならきっと応えてくれるはず。
（右）床、壁、天井、キッチン、家具などの仕上げ材は必ず現物の確認を。確認を怠ったら、イメージにないビニール製の巾木をつけられた、という失敗談も。
FILE　東京都大田区田園調布2-7-23
☎03-5755-5011　http://file-g.com/

Column

6

リメイクを楽しむ

年月をともに過ごした家具が少し色褪せて見えたり、
今のインテリアや気分に沿わなくなってきたら、
少し手を加えてみませんか。修理ではなく、
より自分らしい一品に仕立て直しをする
リメイクにはワクワクする楽しさが。

From Paris

インテリアは「リメイク主義」
パリのクリエイターの部屋はアイデアの宝箱

カトリーヌのアトリエは古い倉庫のような建物の一
角ですが、扉を開けるとカラフルでポップな宝箱の
ような世界。インテリアだけでなくファッションも
リメイク主義。一流メゾンの服さえ、自分好みにリ
メイクすることも。「この部屋のものは旅先で出会
った古いものや、パリの街角で拾ったものばかり。
新品の家具はいまだに買ったことがありません」

Remodel

古い自転車に使われていた木のパーツと、円形のミラーを組
み合わせて、絵を描くような楽しい壁面をクリエイト。

カトリーヌ・レヴィさん。
シゴレーヌ・プレボアと
ともにデザインユニット「ツ
ェツェ アソシエ」を結成。
ポンピドゥーセンターの
永久定番作品もある世界
的に人気のクリエイター。
青山「H.P.DECO」で彼
女の作品に出会えます。

Remodel

街角で拾ったスタンドに、ラ
インストーンで王冠と目を。
簡単なテクニックですが、ユ
ーモアとセンスに脱帽。

Paint

使い込んだ木製のチェアをペ
イント。捨ててあったペンキ
を数色混ぜて、このニュアン
スのあるオリジナルカラー3
色をつくったそうです。

Paint

結婚前の20代の頃から使っていたタンスは、飴色の松本民芸家具。セカンドハウスのインテリアには合わせて2色のペンキで塗り直してもらい、軽やかな表情になりました。

Cover

パリで購入したチェアには、クチュリエにオーダーしたエレガントなカバー。生地により雰囲気がガラリと変わるのもカバーリングの楽しさです。

Paint

ゲスト用に部屋の片隅にスタッキングしているのは、フリッツ・ハンセンのセブンチェア。名作チェアを黒に塗り替えることで、より自分らしいスタイルが実現できました。

Remodel

愛用していた古い木枠の飾り棚。モダンで軽やかな雰囲気にするために、棚の上下を分離して、上部を特注の白いベースと組合せて自宅カフェ用に生まれ変わらせました。

7

心が解き放たれる
アート

アートはその人らしさの表現であり、エネルギーや
癒しを与えてくれる存在。インテリアのなかで
家の「顔」にするか、なじませるか、などもそれぞれ。
優れたセンスのお宅をピックアップ。

力のある作品は
まわりに余白をつくる

玄関には草間彌生さんの '80年
代の貴重な作品。作品のオーラ
を存分に感じるように、周囲に
はたっぷりの余白を。

飾りやすい
軽やかな立体作品

アートや建築の書籍が並ぶ本棚
の上には、スペインを代表する
ジュエリーデザイナー ホアキン・
ベラオ氏による針金の造形。一
筆書きのような魅惑的なフォルム。

ミラーにアートを
映し込むテクニック

部屋に広がりをもたせるミラ
ー。連続したアートが映り込
むことで、魅惑的な空間に。
ニュアンスのあるグレーの壁
もアートを引き立てています。

部屋に飾れるインスタレーション

青山骨董通りのファッションブランド「turkle-turtle」
を手がけた米田禎子さん。壁面にはマリオ・メルツ
のインスタレーション。「服もインテリアもセオリ
ー通りにまとめすぎず、ハートが大好き！と感じた
ら他人が驚くようなものでもプラスしてみて。

ライティングにも気づかった
ウェルカムアート

玄関のウェルカムアートはNYの写真家
ブルース・デビッドソンの作品。パブリ
ックな場所には語れるアートを。リフォ
ームの際、アートの位置を決め、ウォー
ルウォッシャーのダウンライトを。

色あわせで大胆なアートもしっくりと

湘南の海を一望できる一軒家をリフォームして
ご夫婦で暮らす鈴木二三枝さん。2階のLDに飾
ったインパクトあるアートはショーン・アレキ
サンダーの作品。ロンドンのギャラリーで。イ
ンテリアで参考にしたのはイギリス「バビント
ンハウス」とマイアミ「ホテルデラノ」。

CHAPTER 6

新しい住まい方

型にはまらない住まい方に憧れた時
快適さや安心感とどう折り合いをつけるのか。
実際の住まいのディテールは?
この3軒のお宅にヒントが見え隠れしています。

ご夫婦のお宅の玄関。素敵なコ
リドーを入ると、左右にそれぞ
れの玄関が。デザインは「FILE」
(→P.106) 庭づくりが趣味の奥
さまは、コリドーの突き当たり
に、小さなバラ園を計画中です。

Wさんの場合

分かり合えているから
あえて玄関を別にして
夫婦それぞれの居場所を。
でも夕食は一緒に

夫婦のちょうどいい「自由」を形にするために、たどり着いた住まいです

二人のお子さんが巣立った後の家は、手に余るものでした、と奥さま。「吹抜けのリビングダイニング、子供たちの部屋や、大好きだけれど手入れに時間が必要な庭など。家につかわれることのないように、小さな家に建て替えたいと思いました」。家族会議の後、ご自宅の敷地を3分割し、夫婦の家、結婚した娘さん一家の家、そして賃貸用の一軒家と、3軒コンパクトな家を建てることになります。ここまではままある話ですが、興味深いのはご夫婦の家、なんと玄関が別々です。「私のアイデアです（笑）。これからは、お互い好きに暮らしてもいいのではと」。1階と2階は奥さま、3階はご主人のスペースで、キッチンやバスルームなどの水回りもすべて別の完全な独立型の住まいです。「幸い夫は海外生活が長く、個人として自立しています。食事の支度や身のまわりのことは自分でできるので、すんなり同

奥さまの洗面所のハンドル。ディテール一つまで自分の好みでまとめた家は、女性の夢の一つ。

意してくれました。私のスペースの間取りやインテリアは、長年の夢を叶えて好きなようにつくれました」。ご主人に伺うと「夫婦といえども、それぞれの世界はあるからね。アメリカの広い家は、同じ玄関を入っても、それぞれにゆったりした個室やバスルームがあって個人の時間をもてるでしょう。それと同じ感覚なので、特別なことではないですよ。ただ好きな時に出かけて、好きな時に帰ってこられるのは気楽でいいですね」。ただ互いに家にいる時は、夕食だけは一緒にとるようにしておられるそうです。朝昼晩ではなく、夕食だけというのは新鮮かもしれません。「今は夫より娘が遊びに来ることが多いかしら。まったくの一人暮らしは寂しいけれど、今は安心感と自由の両方があってとても快適です」。いずれはどちらか一方を貸すこともできる、と将来も見据えた住まいです。

奥さまのスペース。1.2F洗面はドレッサーのような設えも魅力。ベランダも同じ床材で広がり感を。ここからウォークスルークローゼット、ベッドルームへ動線が連なる。2.DK横の約4.5畳のコンサバトリールーム。趣味のボタニカルアートを。3.1Fのダイニングキッチン

3階のご主人のスペース。このキッチンを備えた寝室と、広々とした書斎、そして月も眺められるバスルームと洗面所という間取り。

13年間の"大人のルームシェア"は
色々なことを教えてくれた。
ほんとうに得難い経験でした

互いに持ち寄ったものがミックスされたリビング。壁にはジャンコクトーのデッサン。「大人が寛げる空間が基本。子供のおもちゃが出ていると『ごめんなさいね。プラスチックのものがあると寛げないの』とさりげなく伝えてくださる勇気が嬉しかったです。息子にも美しい言葉で一人の人間として接してくれて。夫も大家族で育ったためか、すんなりとこの暮らしを受け入れてくれました」。

尊敬する友人との共同生活。家族だけでは生まれない何かがあった

植物療法士として活動する森田さんは、ある会合で作家の桐島洋子さんに出会います。意気投合して行き来を続けるうちに、これほど心地よく過ごせるならば、試しに同じ家で暮らしてみましょうかと、この一軒家での共同生活が始まりました。当時森田さんは44歳、高齢出産で長男を授かった直後のことでした。「他人が一緒に暮らすことに、驚く方は多かった。私たち一家と洋子さんはプライベートルームこそ別ですが、リビングとダイニングキッチンは共用で、会食などで出かけない限り夕食は一緒。洋子さんが産地から美味しい食材を取寄

せて、一緒に台所に立つことも多かったですね。血縁でない分甘えすぎることもなく、人として思い合い助け合う暮らしでした。気持ちよく過ごすための要素は人それぞれでしょうが、同じ方向に向かって楽しく歩いていける、洋子さんという他人がいてくれることで、

家族を含めた4人はとてもいいバランスで過ごせました。九州の私の実家や、洋子さんのお子さんたちとの行き来もあり、家族が倍にふくらんだようです」。そんな貴重な13年間の後、体調の変化もあり洋子さんは一度本来の家族と暮らすことに。とはいえ10日に一度は一緒に買い物や食事へ出かけ、箱根への小旅行も楽しまれているお二人です。「洋子さんはグチや悪口などネガティブなことを一切言わない方。当時私が仕事で行き詰った時は『この映画でも観ましょう』と、リビングで軽口をたたきながら映画を観たり、笑い転げたり。ケセラセラと気持ちを軽くして、生きる力をくれました。『人生の華やかな季節を過ぎ後半にさしかかると、なによりの贅沢は本当の友達がいること』と言ってくれた洋子さん。そんなソウルメイトのような方と一緒に暮らせたことは、今も私の大きな財産です」

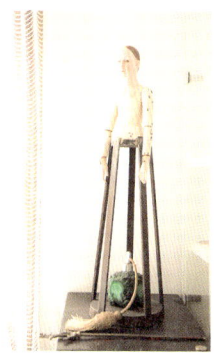

（左）パリ13大学で植物療法学を学び、現在はサロン、スクール、商品計画などを手掛けています。（右）リビングは洋子さん主宰の大人の寺子屋「森羅塾」や、森田さんの植物療法のセミナー開催の場にも。ゲストための美しい小道具も。（右端）洋子さんは子育てを終えた50代から骨董蒐集を。「エイジングは神からの祝福。歳月を経るほど輝きを増す骨董は励みです」。

仕切りのない事務所仕様のワンルーム。NY、サンフランシスコ在住の頃から愛用している家具で巧みにゾーニング。買い足したのは「IKEA」のラグ。ソファ対面にダイニングテーブル＆キッチン。右奥のチェストの裏側にベッドを。

今井理枝さんの場合

冒険ができる
面白い生活を求めて
古風なビルの
ワンルームに

土地や部屋で人生は変わる! そのケミストリーで次なる冒険を

白金の瀟洒なマンションから、日本橋の古風なビルにあるワンルームに住み替えた今井さん。友人たちは「なぜ?」と訝りましたが、答は面白い暮らしをしたいから。「結婚してから28年間、夫の海外駐在も含めて引っ越しは少ないほうではありません。そんなボヘミアンなので(笑)、土地や家に影響を受けて自分たちの暮らしが変化する面白さを経験してきました。美しく整えた家もよいけれど、ちょっとジャンクで自由な暮らしを楽しむならここ! と引越しを決めました」。オフィス街の一角、時間が

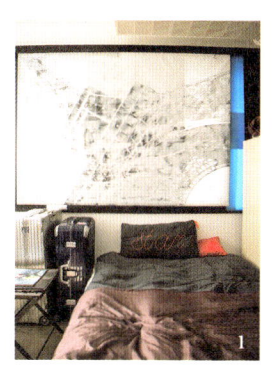

ダイニングテーブルの上には時間をかけ集めた花器。花道家、上野雄次さんの本の制作のためにも家を開放。

味方になったような堅牢なビル。地縁はなく、他のフロアで友人の写真家が個展を開いた折にたまたま立ち寄った場所でした。キッチンもバスルームもないワンルーム、暮らすイメージを抱きにくい部屋ですが、「NYで大きな倉庫に暮らす方も見てきたので」と今井さん。大家さんとの交渉でユニットバスの設置

が叶い、早速「IKEA」の簡便な置き型キッチンで生活をスタート。ガランとしたワンルームで、大人二人の暮らしに不便はないのでしょうか。「多少の不便はありますが、二人で面白がっています。今まで愛用していた家具で部屋のゾーニングもできますしね。ここに越してきてから、応援している花道家の作品集をつくることが決まり、この部屋を撮影スタジオとして使ったり、期間限定のギャラリーを開いたり。またこのビルに出入りするクリエイターの方たちをはじめとして、新しい繋がりができたり、面白いことが次々に起こっています」。大人だからこそ、自分で楽しいことを見つけて冒険したい、という今井さんにとって、この部屋はよき相棒のよう。後日談ですが、この部屋に6年暮らした後ご主人の仕事の都合もあり、今度は京都に転居。人と家とのケミストリーでまた新しい冒険が始まるようです。

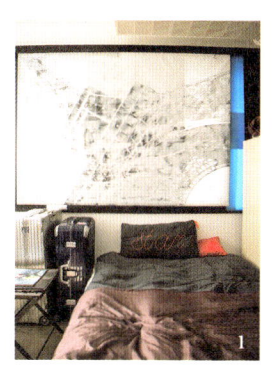

1.ベッドリネンはパリ「maloup」。窓の目隠しはエッフェル塔の写真をペンキでぬりつぶしたもの。2.ソファの対面、スチールのキッチンは「IKEA」。3.趣あるドアが玄関。黒く塗り直した水屋箪笥を仕切りに。4.ベッドは見えないのでゲストを呼ぶのに抵抗はありません。

8

部屋の片隅の心遣い

さまざまなお宅を訪ねるなかで、
部屋の片隅の小さな丁寧さと出会うことが。
それは、一緒に暮らす人や、
訪ねてくれた人、大切な友人たちへの、
そして時には自分自身への控えめな心遣いです。

ここは好奇心を育てる場所

ベッドサイドのチェストの上に藤のトレイを。ここには読みかけの本、そしてこれから読みたい本を数冊置いています。好奇心を失わない、瑞々しい心であるかをはかるための、大切な場所でもあります。

玄関での身支度に欠かせないチェア

ブーツを履く時に腰掛けたり、ゲストがコートを着る時に荷物を置いたりと、身支度を整えるのを美しくアシストしてくれるチェア。アクセサリー感覚で住み手の個性も表れるアイテムです。（左）大谷石を敷いた玄関には軽やかなデザインのイームズ シェルサイドチェアDKR。（上）趣のあるハイチェアは荷物を置くのに。似たテイストのミラーも。

お誘いをうけた個展など
うっかりスル──しないようにピンナップ

キッチン横の壁には西荻窪「魯山」の店主・大鳥文彦さん作の鉄板でできた軸。マグネットで留めたのは馴染みのギャラリーからの個展のDMなど。見ているだけでも楽しいですが、会期の短いものが多いため、気づいたら終わっていたなど出会いを逃さないための工夫です。

人との繋がりを大切に
礼状の道具をLDの一角に

盆暮れや美味しいものをいただいた時など、感謝の気持ちは電話やメールでなく手書きの礼状で。時間を見つけてすぐに書けるように、ポストカードと愛用の万年筆を入れたボックスをLDの一角に置いています。

日々のひと時の身だしなみに
小さな窓のような抜け感も

ダイニングの壁には大きさの違うミラーを。ミラーに写る姿で少し自分をととのえることが習慣になりそうです。奥行きりめるノレームの縁にはネイルオイルを抱えた小さなぬいぐるみも。外の緑が映り込み、窓のような抜け感が生まれるのも魅力です。

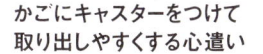

かごにキャスターをつけて
取り出しやすくする心遣い

洗面所（orパウダールーム）の手洗い器の下は、オープン棚の収納。「MUJI」のかごをつかい、上段にはタオルや下着類、下段手前には洗濯物を。カゴには市販の小さなキャスターを付けたためラクに手前にスライドできます。

愛犬の家だってモダンテイスト

インテリアはととのえたMけれどM愛犬のハウスが今一つ、という悩みは多いはず。英国ブランドのアクリル製のオシャレなハウス。インテリアをじゃましないデザイン。「ゲストにも自慢だワン！」と愛犬もきっと満足。

ライフスタイルに寄り添うトータルコーディネートができる店

1

アルフレックス東京
広尾

イタリアで生まれ
日本で育った
コンフォタブルな家具

1951年にイタリアで生まれ、1969年に日本へ。「イタリア生まれ、日本育ち」のブランド。豊かな生活とは「人が主役で人が中心の生活」という理念で、時々のライフスタイルに必要な家具を、使い勝手や快適さを大切に提案。ソファはスペースに合わせ、自由にユニットを組み合せるタイプも多く、暮らす人に寄りそう上質な空間をつくれます。居心地を高める小さな家具も人気。またグリーンやアートなどトータルコーディネートも叶います。

アシストファニチャーも含めライフスタイルに合った家具でコーディネートしたリビング。

立ち座りしやすくキッチンやダイニング周りを居心地よくしてくれる、2016年発売のカウンタースツール。

● Shop Date ●
渋谷区広尾1-1-40恵比寿プライムスクェア1F　TEL：03-3486-8899　（営）11：00〜19：00　水曜休　「アルフレックス玉川」「アルフレックス名古屋」「アルフレックス大阪」も。http://www.arflex.co.jp

3

エ インテリアズ
南青山

洗練された
ブランドミックスも
魅力です

（右）ヴィンテージ風のレザー貼りの「DePadova」のソファ。モノクロームの「Tommaso Sartori」のアートを合わせて。（下）左側、建築家 石上純也さんデザインのアートピースのようなチェアはコレクターにも人気。

②

カール・ハンセン&サン
フラッグシップ・ストア東京

神宮前

デンマークの
上質なクラフトマンシップ
と暮らす

創業100年を超えるデンマーク家具メーカー。創始者カール・ハンセンの「優れたクラフトマンシップと最新技術の融合で、リーズナブルで質の高い家具を提供する」という理念が脈々と受け継がれています。YチェアをはじめとするハンスJ.ウェグナーの家具を最も数多く製作するほか、モーエンス・コッホ、コーア・クリント、オーレ・ヴァンシャーなどデザイン史に名を遺す残す、デンマークを代表するデザイナーの家具を多く扱います。

（上）エレガントな「MK99200」フォールディングチェア。フレームは無垢材、座と背はキャンバス地か革張り。（下）美しさ、座り心地ともに大人の女性を満足させるラウンジ。細部に至るまで丁寧に作られている。

● **Shop Data** ●

<東京>渋谷区神宮前2-5-10 青山アートワークス1、2F　TEL：03-5413-5421　（営）11.00〜20:00（土・日曜、祝日〜19:00）年末年始休2018年、大阪・南堀江に二号店オープン。大阪市西区南堀江1-15-22　TEL：06-6606-9026　（営）東京と同じ　水曜休
https://www.carlhansen.jp/

洗練されたアーティスティックなブランドを扱う「エ インテリアズ」。たとえば常に新しい洗練を提案する家具ブランド「De Padova」。創始者、マダム・デパドヴァはその審美眼によりミラネーゼの代表的存在だった。水周りのハイエンドブランド「Boffi」のキッチンも。ショールームではアートとのコーディネートも見どころのひとつです。

● **Shop Data** ●

〈青山店〉港区南青山4-22-5
TEL：03-6447-1451　（営）10:30〜19:00
水、日曜休日
https://www.interiors-inc.jp

「ヴィンテージ感」も大人の家の大きなテーマ

ルカスカンジナビア

銀座

品格ある北欧ヴィンテージ家具と
空間を彩るアートを

北欧のヴィンテージ家具をはじめ、工芸品や絵画など、デンマークを中心に厳選した品を買い付けます。手が届きやすいものから有名デザイナーの逸品まで揃います。ショップは小さいながらも、週ごとに品物を変えて展示を。優雅な雰囲気も楽しめます。

フィン・ユールによる48年発表のアームチェア。ニルス・ロス・アナセン工房によるもの。

●Shop Date●
中央区銀座1-9-6 松岡第二銀緑館1F　Tel：03-3535-3235　（営）12:00-19:00　水曜休　同店が扱うラグジュアリーなベッドを中心に展示する「DUXIANA Display and Experience」（2019年4月末まで）東京都新宿区西新宿3-7-1 新宿パークタワーリビングデザインセンターOZONE 4F 特設会場 Tel：03-5322-6500　（営）10:30-19:00　水曜休
https://www.luca-inc.com/

H.P. DECO

神宮前

パリのエスプリ香る
小物と
フレンチヴィンテージの家具

大人の女性に人気の高い「アスティエ・ド・ヴィラット」の陶器、「ツェツェ・アソシエ」（P108）などのパリのクリエイターによるインテリア小物と、スタイルや年代にとらわれずにセレクトした家具、照明、アートなどが揃う。夢のあるディスプレイは、パリに旅したようなワクワクした気分に。小物類も充実しているので、気軽に訪ねてほしいお店です。

●Shop Data●
東京都渋谷区神宮前5-2-11　TEL：03-3406-0313　（営）11：00～19：30　不定休　「H.P.DECO 丸の内店」も。千代田区丸の内1-5-1 新丸の内ビルディング3F　TEL：03-3287-1227
https://www.hpfrance.com/shop/deco

pejite
益子

塗装を落とした
「無垢な古家具」。
日本の古家具に新たな価値を

「これが日本の古家具なのか」と新鮮な驚きをおぼえる「pejite」の家具。明治、大正、昭和初期につくられた日本の家具の多くは濃い色で塗られていますが、代表・仁平透氏が率いるリペアチームの独自の技術で塗装を落とすことで、ナチュラルなインテリアに呼応する無垢な表情をもった家具に。贅沢な木材、精緻なつくりや装飾など、当時の手仕事もより際立ちます。オンラインショップも展開中です。

民芸の町・益子にある、約60年前に建てられた大谷石の蔵。家具のほか、地元を中心とした作家の器、シンプルながらこだわりの詰まった洋服など、日本の手仕事を感じる品々が並ぶ。左上のショーケース ¥150,000（参考価格）

● Shop Data ●
栃木県芳賀郡益子町益子973-6　TEL：0285-81-5494
（営）11：00〜18：00　木曜休
近くには「仁平古家具店」も。益子の新しい名所です。
http://www.pejite-mashiko.com

幅77.5cmのベースキャビネットと棚（デザインは共に4種類）を、自在に組み合わせる「ニューボルグ」。幅232.5×奥行42×高さ190cmの場合 ¥661,000

ACTUS 新宿店
新宿

人気ショップ同士の
コラボで生まれた
ヴィンテージ風家具

家具からリノベーションまでを手掛けるライフスタイルショップ「アクタス」。新たに話題なのが、人気ショップ「カーフ」とのコラボレーションで生まれた自立型のウォールユニットシェルフ「ニューボルグ」。ウォールナット材を使い、棚やキャビネットの接合部の金物は真鍮を用いるなど、北欧デザインの黄金期と呼ばれる1950〜60年代へのオマージュを込めたデザインです。

● Shop Data ●
新宿区新宿2-19-1BYGSビル1、2F TEL：03-3350-6011
（営）11：00〜20：00　不定休
国内外の家具の他、1Fには雑貨やグリーンを扱うコーナーも。2Fには「アクタス」が提案するリフォームのパッケージプランをテイストごとにコーディネートしたコーナーも。全国に32店舗。https://www.actus-interior.com

誂え力のあるショップ

INTERIOR SHOP

8

フィズリペアワークス

— 柿の木坂 —

家具の新たな
ポテンシャルをひきだす
クリエイティブな「リペア」

「時代の流れと共に、モノを直して使うことは『貧しさ』から『贅沢』へと変わりました。先日修理した椅子は、依頼主のドイツ人のお母さまが1920年代の結婚以来大切にされてきたもので、修理歴を見るとどれほど大切にされてきたかがよく分かります。リペアすることで新たなポテンシャルを引き出し、次の世代へのバトンを渡せれば嬉しいですね」(代表 西原弘貴さん)。家具修理のスペシャリストが長年培ってきたノウハウでリペアをすることで、大切な記憶も受け継がれていく。大人世代には欠かせないショップです。

●**Shop Data**●
目黒区柿の木坂3-1-2マンション柿の木坂1F　TEL：03-6805-2203
(営)12:00〜19:00(電話受付10:00〜)
日曜休　TEL：03-6805-2203
(営) 9:00〜18:00日曜休
https://www.fizz-r.com/

家具の塗り直しや色変更、椅子を解体し、再び組み上げることで形と強度を整えるオーバーホール。椅子の張り替えだけでも印象は大きく変わる。装飾的な脚の復元や、欠損・傷などの疑似的制作を選任彫刻スタッフが手掛けるクラフトワーク、テーブルのリサイズなども。

9

チェルシーインターナショナル

—— 南元町 ——

一流ホテルを
手掛けるブランドで
ファブリックを「誂える」

インテリアファブリックの「誂え」について、実は私たちは多くを知りません。窓辺の景色をつくるカーテンは、生地のセレクトだけではなくヒダのとり方などの縫製のクオリティで洗練度に差が出ますし、ソファやチェアの張り替えもサイズやフォルムを生かす選び方があります。クッションのコーディネートひとつにも、名だたるホテルも手掛けるこのブランドならではのノウハウが。オリジナルの他、うっとりするような海外のインテリアファブリック、アクセントになる輸入壁紙やラグも揃い、トータルコーディネートが叶います。

（上）ファブリック×壁紙の楽しいコーディネート。ストライプの椅子張り地、パイピング付きのリーフ柄のクッション、キュートな壁紙は全て英国「アンドリュー・マーティン」。（右）インパクトあるクッションで部屋が魅力的に。ヘッドボードにもファブリックを。

（左）和紙をつかい植物を描いたオリジナルファブリック「プリュネ」は海外でも話題に。窓辺に美しい景色がつくれます。¥9,800/m（1.2m幅）（上）約2万点以上のファブリック、ラグ、壁紙を揃えたショールーム。個人も歓迎なので、ファブリックの楽しさにふれてみて。

●Shop Data●

新宿区南元町4-45　TEL：03-5367-1061　（営）9:00〜18:00　土、日曜、祝日休　ショールーム来訪の際は電話かHP（SHOWROOM→予約）で予約がベターです。
http://www.chelsea-international.com

あ と が き に か え て

20数年前に思いがけず家の取材を始めることになり、
最初は戸惑いの連続でした。
家はその方の最もプライベートなテリトリー。
どこまでお聞きして、どこまで伝えてよいものか?……と。
試行錯誤のなかで心にとめたのは、インテリアを通して、
その方が大切にしていることを丁寧に感じ取っていこう、ということでした。

HERSで取材した方々は、子供の巣立ちなどで暮らしに変化が訪れ、
「これからどうやって過ごしていこう」と
再び自分と向き合う方も多くいらっしゃいました。
封印していた憧れを取りもどすために好きなことや新しいことを始めたり、
もう一度オシャレをしたり、それにともなって、
自分だけの空間づくりや、新しい暮らし方に挑戦したり……
経験値という幹のある大人だからこそ、暮らしの新芽も芽吹くのだと感じました。

また取材当時よりもさらに自分らしい暮らしに磨きをかけている方も多く、
まだまだ終の棲家ではない、日々新しい自分と暮らしを更新中です。

「HERS」連載と、この書籍の制作に関わって下さったすべての方、
そしてなにより大切なご自宅の扉を開いて取材にご協力をいただいた方々、
みなさま本当にありがとうございました。

「大人の幸せなインテリア」のその先も、心を込めて伝えていければと思います。

―――― 本書構成・取材 加藤登紀子

構成・取材・文／加藤登紀子（かとう ときこ）

日本女子大学卒業。インテリアを主軸に、器や食などライフスタイルのライター、エディターとして25年。国内での実例取材は1000軒以上で、幅広いネットワークをもつ。またフランス、イギリス、スペイン、北欧、アメリカ、イスラエル、モロッコ他、各地にてインテリア、ライフスタイルを取材。「人の幸せと住まい」をライフワークとし、多くのメディアに寄稿。またインテリアコーディネーターとして個人邸、ホテル、モデルルーム、商業施設などの空間デザインを多く手掛ける。

Instagram@tokiko.maison
ブログ　http://ameblo.jp/tokiko.maison

取材・文／鈴木春恵（P48〜51）
撮影／〈インテリア　50音順〉尾嶝太　長田朋子　金子美山紀（ナカサアンドパートナーズ）　齋藤順子　武田正彦
　　　　　　　　　西崎博哉（MOUSTACHE）　ひよりごと　福知彰子　領家ひとみ　渡辺修身
　　〈静物〉川上輝明
デザイン／内藤美歌子（VERSO）
DTP／山本秀一＋山本深雪（G-clef）
取材協力／森本愛

撮影協力店（50音順）
からならの木　03-3465-3667
COMPLEX　http://www.complex-jp.net　03-3760-0111
SLOW HOUSE FUTAKOTAMAGAWA　03-3708-9515
SOLSO HOME Futako　03-6447-9775
FUGA　03-5410-3707

大人の幸せなインテリア
女性がくつろげる家40軒

2018年12月20日　初版第1刷発行
2019年　1月25日　　　　2刷発行
編　者　HERS編集部
発行者　田邉浩司
発行所　株式会社　光文社
　　　　〒112-8011　東京都文京区音羽1-16-6
　　　　電話 編集部 03-5395-8172
　　　　　　　書籍販売部 03-5395-8116
　　　　　　　業務部 03-5395-8125
　　　　メール non@kobunsha.com
　　　　落丁本・乱丁本は業務部へご連絡くだされば、お取り替えいたします。

組　版　共同印刷
印刷所　共同印刷
製本所　共同印刷